U0022800

心一堂當代術數文庫　堪輿類

廖氏家傳玄命風水學（一）——基礎篇及玄關地命篇

修訂版

廖民生　著

Śūnyatā

書名：廖氏家傳玄命風水學（二）—基礎篇及玄關地命篇（修訂版）
系列：心一堂當代術數文庫．堪輿類
作者：廖民生
新加坡弟子李霖生畫圖
廣州弟子李金榮整理校正
責任編輯：陳劍聰

出版：心一堂有限公司
通訊地址：香港九龍旺角彌敦道610號荷李活商業中心十八樓05-06室
深港讀者服務中心：中國深圳市羅湖區立新路六號羅湖商業大廈負一層008室
電話號碼：(852) 67150840
網址：publish.sunyata.cc
電郵：sunyatabook@gmail.com
網店：http：//book.sunyata.cc
淘宝店地址：https：//sunyata.taobao.com
微店地址：https：//weidian.com/s/1212826297
臉書：https：//www.facebook.com/sunyatabook
讀者論壇：http：//bbs.sunyata.cc

香港發行：香港聯合書刊物流有限公司
香港新界大埔汀麗路36號中華商務印刷大廈3樓
電話號碼：(852)2150-2100　傳真號碼：(852)2407-3062
電郵：info@suplogistics.com.hk

台灣發行：秀威資訊科技股份有限公司
地址：台灣台北市內湖區瑞光路七十六巷六十五號一樓
電話號碼：+886-2-2796-3638　傳真號碼：+886-2-2796-1377
網絡書店：www.bodbooks.com.tw
台灣國家書店讀者服務中心：
地址：台灣台北市中山區二〇九號1樓
電話號碼：+886-2-2518-0207
傳真號碼：+886-2-2518-0778
網址：www.govbooks.com.tw

中國大陸發行 零售：深圳心一堂文化傳播有限公司
地址：深圳市羅湖區立新路六號羅湖商業大廈負一層008室
電話號碼：(86)0755-82224934

版次：二零一八年五月修訂版初版

平裝

定價：港幣　一百三十八元正
新台幣　五百五十八元正

國際書號　978-988-8316-68-7

版權所有　翻印必究

心一堂微店二維碼

心一堂淘寶店二維碼

目錄

前言

本門風水，由開山祖師流傳有三道口訣（一）玄關訣；（二）斗秘訣；（三）排龍訣。現在只留下玄關訣與斗密訣，排龍訣內容不知流到別派，還是失傳，本門傳的風水訣，是實用派的口訣，都經歷很多人使用和驗證的，由於起步比較高，沒有一定基礎的風水愛好者，是很難馬上即學即用。中級篇的玄關訣法，是做一般風水用的訣法，斗秘法，是大風水格局用法，應用的的層次較高，如達官貴人的陰陽宅風水，寺廟、縣衙、村莊、城市等風水。排龍訣在兩者之間，以龍配水來入穴的，如能三訣合一，就能達到風水的高峰。中級班的玄關訣內容是以做法為主，斷法為次，一般行習風水者有三年以上的功底就能會用，尚未能用得上的同學可以再加一把苦功，一旦會用就知道它的好處。高級版的內容主要以斗秘訣為主，並增加一些在風水中操作的經驗訣，如分金法與氣線法等，這些都是由歷代師父的經驗結晶而成。全書的內容是把本門留下的訣法全盤托出，連自己的行習風水的經驗都一一在書中介紹。風水以楊筠松為開山祖師，後經曾、廖、賴再分幹流支流的。從古到今都以江西派，楊氏一脈為正宗。本人處在的廣東省，從宋代到清朝，有不少的名墳都是由江西楊氏傳人點的穴，其中大多數是絕妙的，整個山頭都是一個穴位，一處生百處絕的奇真穴，古人所留下的名穴，名穴就是留給後代最好的的風水秘訣，只有這樣的秘訣才是絕對的秘訣，只有通過對古代名代名穴的驗證才能領悟水訣的運用。如果單單學了真的風水秘訣，而自己不通過驗證，連你自己也不一定會用。學習風水，不論你學到什麼秘訣，一定要過驗證這一關，先熟讀本書內容，後面附加部份是《青囊經》、《天玉經》，都要熟讀。當自己水平提高一步，裡面的條文就通一層，本人每次觀測風水回來，就讀一方都有不同範圍、不同程度的提高。

旱災，不少城市開始限時供水。少數地區洪澇和泥石流的發生，地震和火山爆發也較常年顯著增加。還有電磁波干擾，使通訊中斷，甚至空難、海難等重大交通事故不斷發生。就是離地球最近的小星體月亮也能引起潮汐的變化和婦女月經來潮的變化。……這就充份說明宇宙存在着人類看不見的能量場，有着巨大的輻射作用。美國科學家彭齊亞斯和威爾遜他們在新澤西州架設衛星天線時，收到來自天頂的3.5K.干擾信號，後來他們研究發現這不是某個星球發來的，而是宇宙創生時留下來彌漫太空的背景輻射。而人同樣是由元素物質組成的高級動物，它同樣存在着一個常人看不到的人體場。一九一一年基爾納研究發現：人體周圍有鮮明的霧狀場，分為三層。前蘇聯的科學家研究發現並提出了「輕微粒子場」的理論，即一切物質周圍都有一種看不見的霧狀場，而且物與物、人與物、人與植物之間這種輕微精小的粒子場可以互相作用。

同樣，山物質構造而建的房屋，也應有輻射場的效應。只是由於壞境不同、坐山朝向不同，高低層次不同、內部佈局和裝潢不同、接受宇宙場能及對外輻射的場能也不同而已。這類似於人造的拋物線電視接收器，由於其大小和朝向不同，就能接收不同頻率的電視信號。據報載：華沙附近的一個三角形的公路中心，經常發生車禍，其原因是汽車開到這裡，司機便感到昏昏沉沉，失去控制力。後來探測發現地下有重重疊疊交叉的河流組成的水網形成的輻射所致。因為距離近，其輻射能力比宇宙射線強好幾倍，試想如果在這樣地段建築房屋居住，人怎麼能不出事故呢？再打一個小的比方，對於一個火性較大、脾氣暴躁的人，如果讓他居住在一個充滿紅色格調的房間裡，可以想像他會更加煩躁不安，久則生病；相反如果讓他生活在一個偏寒的天藍色裝修的居室裡，他的情緒就會相對安靜很多。所以一個人，長期居住在某個特定的建築環境裡，必然每時每刻都在不自覺地接受這個輻射場的影響，並在人體的能量系統中不斷積累，經過一定時間，就會形成能量的信息導向，從而完全影響甚至改變人體的能量場的運動狀態。中華易學科學院成柏林調查統計顯示，有66%的癌症患者是居住在房屋的絕命禍害方位（尤其是絕命方）。我市有位飯店的于經理，常年緩慢性痢疾，久治不愈，如果他出差到外地，即使住一二天，馬上會不治而愈。這不說明了建築風水的作用嗎？至於不同的地域、不同季節對人的影響就更明顯了。按八卦方位來說，中國的南方為離，南方土壤中鐵離子被氧化，土壤多呈紅色，離中虛，據說南方人塌鼻梁的多於北方；而北方為坎，土壤呈黑色，坎為腎，坎中滿，北方人一般腎氣足，人高馬大；東方為震，華東多明山秀水，震為雷為風，我國東部沿海風雷猖獗；西方為兌，為白，我國西部雪山一片皆白，兌為金為樂，少數民族婦女多戴白銀頭飾和首飾，且能歌善舞；西北為乾，為結晶物，西北礦藏豐富，多水晶、方解石、鹽湖，甚至用鹽鋪路，乾方又為大江大河之源頭；東北為艮為山，東北有大興安嶺山脈，東北人也高大；西南為坤為眾為麗質，四川人口為各省之最，女孩也漂亮。紅樓夢十二釵雖本為蘇州人士，據說演員俏麗者卻來自四川。至於季節氣候（包括天氣）對生物（包括人）的影響更是顯而易見的。春季陽氣初升，萬物復蘇，一派生機；夏季氣溫高，光照足，雨量大，生物茂盛茁壯成長；秋風涼爽肅殺，晝夜溫差大，利於養份積累，作物成熟而收獲；冬季寒冷，萬物蟄伏而待發。作為高級生命的人來說，季節氣候的作用雖不像作物草木那樣明顯，但也難脫季節氣候之烙印。一般地講（注意這裡僅指相對多數而言），夏天出生的人往往火旺多燥，易患心臟病、糖尿病、瘡癤炎症及眼疾；而冬季出生的人，往往多患寒濕之疾如風濕性關節炎和肝膽血液病等。但是即使是同年夏天、同月、同日、同時出生的人，因為他們有的出生在南方、有的出生在北方、有的出生在高山、有的出生在水邊、有的出生在晴天、有的出生在陰雨天，再加上出生時房屋場的不同、父母的基因的差異，以及人後天的方位和行為，可以說人的生命變化的軌跡是豐富多彩、千變萬化的。

總之，風水學只要是研究人和居住環境的關係，指導人們通過時間和空間的合理選擇和調整，創造一個人與環境協調、「天人合一」的空間環境，以達趨利避害、身體健康、事業興旺之目的。黃帝《宅經》認為「夫宅者，陰陽之樞紐，人倫之軌模。」可見環境的選擇、坐向朝山、建築構造是多麼重要。

風水學是先賢在生活實踐和與自然鬥爭中，「仰觀天文，俯察地理」總結出的有中國特色的古代建築理論，是中國最古老而優秀的文化典籍——易經原理在建築領域的應用，屬於易經的一個分支，是幾千年傳統文化孕育發展起來的專門處理方位空間的文化藝術。北京故宮就是這種「天人合一」藝術的傑作。我國一批專家教授對這一傳統理論有着很高的評價。我國的科學泰斗錢學森大力提倡「建立現代地理科學系統」，號召要研究「天、地、生、人的相互關係」，指出了從更高層次上總體把握，保護環境，走人與自然協調發展的道路。天津大學建築系教授亢亮、王其亨，北京大學教授、博士生導師于希賢，東南大學建築系教授潘谷西、專家何曉昕，中醫教授、易學專家陳長義等，都高度評價中國古代的風水理論是一門綜合科學，包含了人類已知科學中的地球物理學、地球磁場學、水文地質學、生物磁場學、環境景觀學、天文學、醫學、宇宙空間學和生命信息學等。在人類歷史長河中，能夠經久不衰，充份說明其合理內核的科學價值。櫻井引起越來越多有識之士的重視，而且國外學者高度評價中國風水學。原蘇聯歐洲科學院院士、東方民族研究所的克留克夫教授曾評價說：「中國地理思想關於山、水結構的圖式，展示出北京、莫斯科和華盛頓在依山傍水的城址選擇上有驚人的相似之處。可見期間必然有符合客觀規律的奧秘。當前應當大力發掘中國古代傳統的地理原理，這是全人類的共同財富」。該院院長列克謝多夫教授曾建議北京大學校長，就此立項進行國際合作研究。英國學者所著的《風水：古代中國神聖的景觀科學》中指出：「數、理、氣都不是可以直接看到的，而大地上的一切事物，則以其外在形象潛在地反應着理數和氣，通過地和天的對應比較可以發現其「形」」，從中把握一定的理和數之下的「氣」的作用，對自然平衡的破壞將受到「氣」的報復。《科學晚報》也曾載文說：「美國人真奇怪，在中國本土被斥為封建迷信的中國風水學，美國人則畢恭畢敬地奉為上賓。」並且，中國用風水搬動美國總統寶座。難道西方人也崇向封建迷信？完全不是。這是因為「西方的自然科學是以拆零為技巧的微觀定量分析的實證科學，這種研究必然把宇宙分割成互不相關的各種科學領域，它雖然取得了輝煌的成就，但由於肢解了宇宙的整體性而在一些方面顯示不足。現代的自然科學家已經注意到這一點。」F·卡普拉在他的《物理學之道》中說：「東方哲學的有機的、生態的世界觀無疑是它們最近在西方泛濫的主要原因之一，在我們西方的文化中，佔統治地位的仍然是機械的、局部的世界觀。越來越多的人把這看成是我們社會廣為擴散的不滿的根本原因。有許多人轉向東方式的解放道路……而向《易經》求教。」對這種牆裡開花牆外香的讚譽，作為一個中國人應該感到驕傲和自豪。歷史終將雄辯地證明，在認識宇宙，認識人類自身方面，我們始終是名列前茅的。

風水地理學，是幾千年來我國勞動人民建築經驗的總結。是先人為了生存和發展與自然作鬥爭的歷史結晶。天津大學亢亮教授認為我國的風水學起源於遠古黃帝時期。黃帝陵葬在陝北黃土高原橋山，東有鳳凰山形如鳳凰，西有玉仙山形似神龜，南山形狀似伏身臥虎，總之龍虎龜鳳四靈具備，這是上古典型的風水格局的優選，這一發現，將傳統的風水學歷史提前了約三千年。這與我國五千年傳統文化歷史相一致。

早在夏商時代，風水學尚處在朦朧狀態。所謂「古代帝王皆作山居。」西周時期，原始風水則處於萌芽狀態，《尚書．召誥》中說：「在王為豐，欲宅洛邑，使召公先相宅。」相宅也就是最原始的風水術。在詩經《大雅．公劉》中有類似記載：「篤公劉，既溥即長，既景迺岡，相其陰陽，觀其流泉……度其濕原……度其夕陽，幽居允荒。」

秦漢是風水學理論創立的年代。由於易經的陰陽五行八卦理論的發展和天文觀測的新成果，逐步形成了對宇宙認識的總框架。《四庫全書》記載：「術數之興，多在秦漢之後。」春秋戰國時期發現了磁石指南的奇異功能，到漢代依此原理發明了指示方向的工具——司南，使人們對方位的感受更加具體。現在出土發現的漢代的完整的六壬式盤已有數個了，上面明確標記着十二地支、八干及二十八宿就是有力的證明。

至魏晉南北朝，風水術蓬勃發展。相傳蜀相諸葛亮善於觀察天文地理，他所謂「借東風」實際是利用奇門遁甲測東風，他對金陵（今南京）的地形歸納為「鍾阜龍蟠，石頭虎踞」，是帝王之地。可窺數術及風水理論之發展。以東晉時代的郭璞為主要代表，他所著《葬書》是歷史上第一部總結墓葬擇地的風水總論，因而成為風水術一代宗師，郭璞當過地方官，相傳他在溫州規劃將七座小山連成城牆，仿北斗七星，很有特色。

隋唐五代，特別是唐朝隨着經濟文化的發展，風水術有了長足的發展，《黃帝宅經》為代表的相宅相墓的著作達數十部之多。唐末，黃巢起義攻打長安時，任朝廷當監史的楊筠松，見國勢危困，收起宮中秘藏最著名術數家邱延翰的《玉函經》及其它風水書籍，逃往江西虔州，在那裡傳道授業和著書立說，使宮廷秘傳風水植根於民間，有了更大的實踐和發展空間。

在宋代由於佛教興起，在建設廟宇過程中，進一步發展了環境風水學。楊筠松（著有疑龍經、撼龍經、青囊經、青囊奧語等著作）及其高徒曾文辿（著有《天玉經》等）、廖禹（著《鰲板金精》等以及賴布衣，相傳是形法派（又稱巒頭派、贛派）風水的四大仙師。其說重視形法，原其所起，以定向位，專指龍、穴、砂、水之相配。另一派以吳景鸞為代表，走改良之路，在「方位有靈」的前提下引入河洛、八卦、天星等一系列概念，將方位度量細化，逐漸演化發展而形成「理氣派」（又稱宗廟派、三元派）風水。

明清時期是風水學不斷完善深化發展的時期。明朝大臣劉伯溫精通術數和堪輿理論，建立了一個龐大的術數理論體系——《黃金策》，將術數理論化，使之成為一種預測學，在這種理論指導下陽宅理論有了很大發展。清朝設立堪輿官員，專門從事帝后陵墓選址和規劃，名師蔣大鴻著《地理辨正》，其後華亭姚瞻旗著《陰陽二宅全書》，沈竹礽著《沈氏玄空學》則集兩派風水之大成，其所著成為風水師必讀的書目之一。

說明清代是風水學盛行的時期。從以上粗線條脈絡不難發現，風水理論的發展經歷了一個由簡單到複雜，由迷信到科學的發展過程。在其發展過程中，由於時代的限制，難免魚龍混雜，伴生着某些迷信的內容，但其主體部份則是古代建築理論的科學內核。儘管在現代條件下，常規的實證科學尚難加以驗證。但這也正是中國傳統文化整合型「天人合一」四維的超前之處。對古代傳統文化，應該通過深入研究，挖掘整理，取其精華，剔除糟粕，正確地做好剝離工作，不能採取簡單否定的不負責任的方法，不能在潑洗澡水時連孩子一起潑掉，那樣我們將愧對祖先，有負子孫。

黨的十一屆三中全會以來，我們黨制定並堅持實事求是的思想路線，各項事業蓬勃發展。傳統文化的研究也有了一定的進步，正是在這種形勢下，廣東廖民生先生為了弘揚科學風水這一瑰寶，光大祖先風水寶庫，將世代單傳至三十七代的家傳「玄命風水」推陳出新，公之於世，實乃易學之幸事，為豐富活躍古代建築理論，為推動我國傳統文化的科學研究作出貢獻。

蓬萊市周易研究會會長于天貴

庚辰年末月於仙境蓬萊

自序

我童年時，是不信風水的，可能是上天故意捉弄人，偏偏出生在一個風水世傳的家庭裡，我祖父是玄命風水的三十六代傳人，我父親那一輩，都無人肯學這門風水，這一任務就這樣落在我兄弟三人身上，但兄弟幾人也都無心學，記得在我十三歲時，祖父就強迫我和胞弟二人學風水，不用也要記熟它。胞弟學了一半就不學了，就這樣我用一個暑假的時間記熟了這門風水的口訣和用法。開始的時候，自己家購房也沒用這套風水理論去判斷好壞，隨便看看合心意就行了，連入住的日子也沒用本門些子擇日法，隨便找本通書來擇日子。直到我二十二歲的那年，也許是緣份到來，有一天，一大幫朋友相約到野外游玩，在交談時一位姓戚的朋友就吹起風水來，說這裡的風水那裡好這裡好，當時我指着對面山的一個大山墳講：像這樣的山墳子孫後代會火災車禍連連不斷，當時戚某立即收聲不語，事後問我為什麼斷這麼準，那正是他家的祖墳，出現過小火災兩次與車禍一次。我說是據我祖父傳的風水理論來斷的，這次事後，又連斷了幾個山墳，都得奇驗。這時才認識到這門風水的好處，在回顧身邊發生過的事，都能用本門風水一一驗證出來，才體悟到本門風水確實神奇。之後才深入研究本門風水學，一九九七年一次在易友家中看到國內的易學內刊，抄來幾個地址，也購買了幾份，看到所登的風水資料，隨手翻一術風水書，資料都不離：巒頭派、三合派、玄空派等幾種混雜資料，所講的內容，應驗的極少，靠這些資料，風水愛好者能學會嗎？直到近年才見到《金鎖玉關》推出，引起轟動，雖然含金量較高，缺點也很快顯現出來。這種狀況不時在鞭策我，本門作為一個風水秘傳流派，應該拋開門戶之見，公開它的秘訣，讓廣大風水愛好者，能學到真傳風水的精華，本門風水斷事有的方面達到百份之九十六以上的準確率，因為本門風水起點高，要求有一定的六爻基礎，望有志此道者，把它發揚光大，造福人民，振興中華，這才是我最終目的。

玄命風水三十七代傳人廖民生

庚辰年寫於廣東台山

第一章　入門基礎知識

第一節　玄命風水羅庚

注：

第一層：先天八卦

第一層：後天八卦

第二層：造命七十二局法

第三層：二十四山陰陽屬性

第四層：二十四山

第五層：一百二十分金

第六層：十二太歲值方

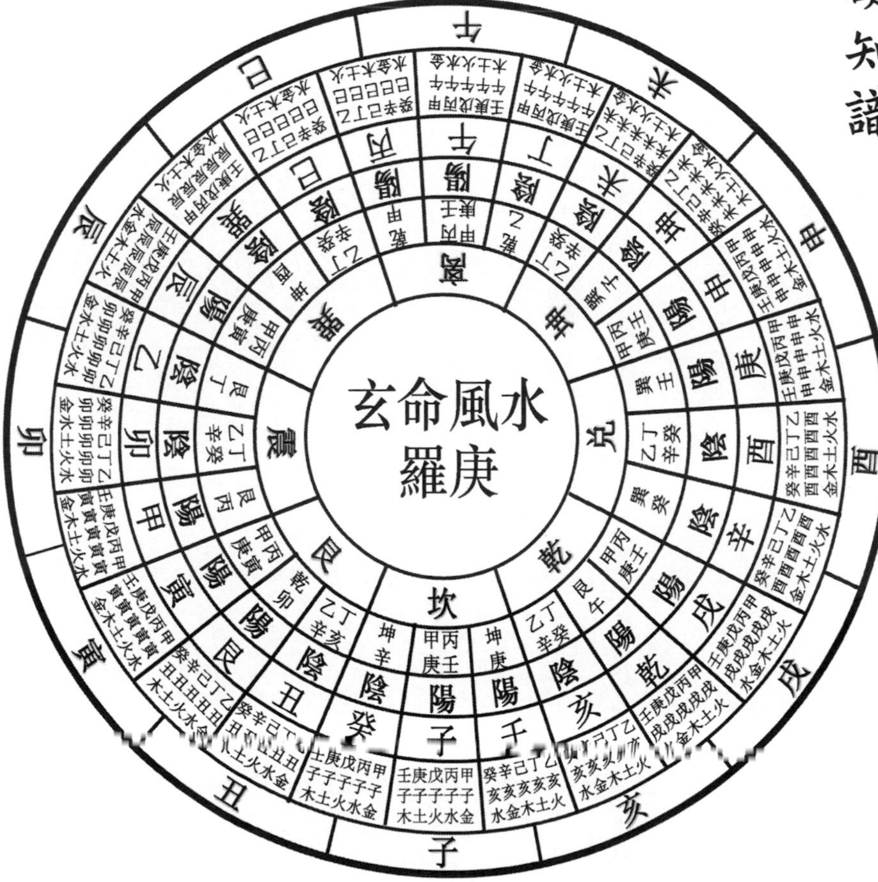

第二節　玄命風水總口訣

陰陽歸一路，八卦先後通①。
向上尋星斗，水口作較量②。
日月並臨扶③，只用財與丁④。
歲君值何方⑤，變爻來作量。

注：
①坐山與玄關機點構成七十二局，此為玄關地命法，是陰陽地理造化之根源。
②是玄空三元九運飛星，用到向的飛星與陰宅的水口，陰宅是大門的方位，構成的卦場分佈，形成造化之機象。
③用日辰配以卦場的分佈粒子來調整方位力量，以達到調改風水目地。
④以日辰來增加氣場的分佈粒子來達到隨心所欲之功。
⑤用值年太歲的方位來與卦場的分佈粒子論刑沖剋害及其拱扶生旺判吉凶。

第三節　入門篇

風水這門學術，在中國流傳數千年之久。有人說它是迷信，但也有人認為是一門未被承認的科學，本人認為有迷信成份，也有科學一面。風水的門派很多，有三合、玄空、八宅、奇門、六壬等幾大支流，其他小的門派有數百個之多，其中難免夾雜了迷信成份，要下大力氣把科學的部份挖出來，讓這門科學重新發揚光大，更好地造福人民。

風水用現代的科學解析就是宇宙的氣場分佈。地球上分佈了大量負離子，負離了直接影響人們的身體健康。風水學是經過無數代勞動人民心血結晶，現在已經總結出影響人的健康、心理的經驗。風水講的凶宅，就是不利人們住宅的健康，風水中稱凶物，就是指對認得心理有影響的物件。當自己看到有不舒服的物件即為凶物；吉物就是人們看到有生氣舒服物件就是吉物。例當自己的住屋前面有破頭山，自己天天見到此山已不舒服，日久就會對身體不利，反之假如是一片青山綠水，這樣人身心健康，事業也順利。這樣先區分出吉物與凶物是判斷風水第一步，這就是形理。陰宅與陽宅一樣，都要避免有凶的對照。風水學擇地是人們常講的選吉地，當地底下有礦藏、樹根、地下水、古墳、雜質多的地方就不利，為凶地；而背山面水，土地平整，地質乾淨的地為吉地。當我們為人選地建宅或造山墳，首先要注意周圍的環境影響，再配合光線、通風、地質、濕度綜合判斷，這是評斷風水的基本條件。把這一步做好，對學下步的五行理氣分佈是很有用的。

現在談談：土葬與火葬，人死後的餘留信息，佛家稱為陰靈，當人死後這些陰靈將會離開人體，當屍體淨化後再回到骨灰中，這是一個過程，所以本門宗師都認為火葬比土葬好。在鄉村的地方常常認為火葬對先人不敬，破壞屍骨會不利後代子孫。其實不然，火葬會很快將先人的屍體淨化，這樣有利陰靈較快地聚結回到先人骨灰中；而土葬屍體淨化要一年到數年不等，這段時間會對後代子孫有影響。歷代高僧死後都立即把屍體火化，這樣很快把屍體淨化，陰靈會較快回到骨灰中。火葬的費用約為土葬的二成，又不用佔用大量土地，所以火葬比土葬利多了。

現在政府提倡用公墓，古師曰：眾葬出公侯，公墓的場靈清淨較利陰靈回聚安息，有公墓的地方應選擇坐向合度的公墓最好，在鄉村人們也常看到集體墓地，當人死後葬在這些墓地後代子孫絕大多數平安無事，但自擇一地下葬往往福未到禍先來，這就是「眾葬出公侯」的道理。故古師曰：「無絕地，有絕水；無絕水，有絕向，」可見立向最重要。當下我們學習下篇的內容就明白不論在公墓或自尋墓地，都會建造出有利子孫後代的好墓地和好家宅。

第四節　形理簡述

陰宅的造形，以戊己為中心，配合周圍的住宅、山峰、來路、流水取近有情的相生最吉，相剋為凶，其它如光線、顏色也要配合，都以相生為吉。

陰宅：尋龍，一般古書都講尋龍先從太祖山到少祖山，再到父母，後到子息，再到點穴位等，又有龍的真假，過峽，其實不然。根據易經一物一乾坤理論，龍的每一節，都有一乾坤，即一局，主要擇其有生機飽滿、有氣線入穴的地即可用，再配合周圍的流水、路、塘等相生可用，相剋凶不可用。

破頭山：都以凶論。

路：直沖來凶，直過往無用，反去凶，環抱來灣處最有情，一彎一乾坤。

塘：常年聚水為吉，無水凶，以圓形、半圓為吉；三角、多角以角對宅或山墳為凶。

河流：以抱腰，抱堂最吉；反去，直來為凶。

水溝：一般土屋前或墳前的流水流出流入都有吉、凶之分，在立向吉神方進入為吉流，出為凶，衰神水出為吉，進為凶。

樹木：青秀，翠綠為吉，枯彎形怪為凶。

石頭：一般為凶；象、魚、龜的為吉。
樓房：一般不吉也不凶，但角尖帶沖，影時為凶。
井：都以凶論。
橋：都以凶論，直沖最凶。
塔：有吉有凶，但不宜子、財方位有，宜父兄的方位有。
工廠：都以小凶為論。
煙柱：都以凶論。

關於陽宅的選基，陰宅的點穴，請參考有關巒頭派的理論，我的下篇主要講述理氣高層次的實用理論，要求有風水和六爻的基礎知識才能理解應用，這方面水平差的讀者，請先學好風水與六爻的基礎理論，再學下篇內容。

第五節　論下羅庚的位置

陽宅以屋的中心位下羅庚如下圖，其他工廠、商店也是以中點下羅庚，以朝陽方為向。

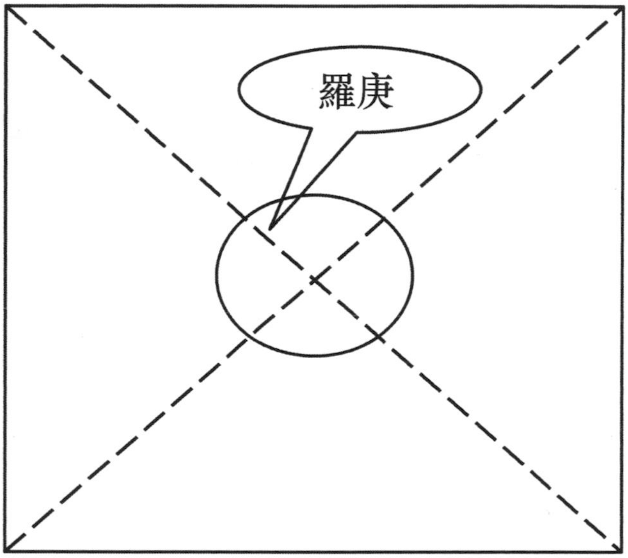

陰宅以墳墓的墓口中點下羅庚，但墳墓的造形建造都根據地方風俗不同，造形也不同。但下羅庚都以墓口的重點下盤，羅庚方準。

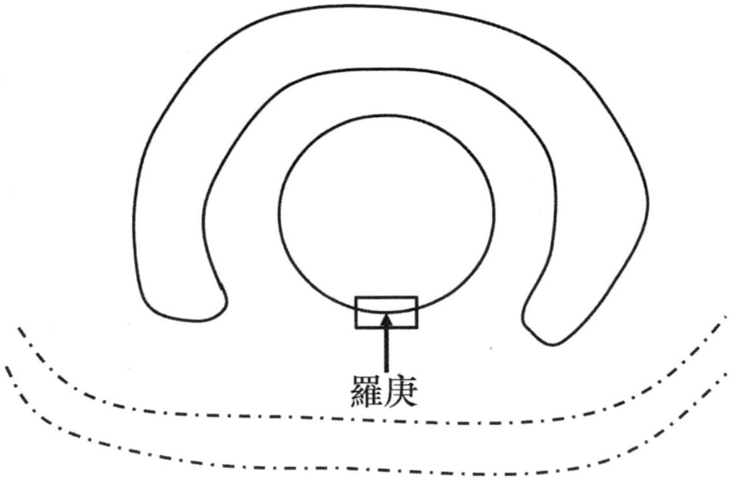

村莊是以村面的平線中心點下羅庚的。如下圖：

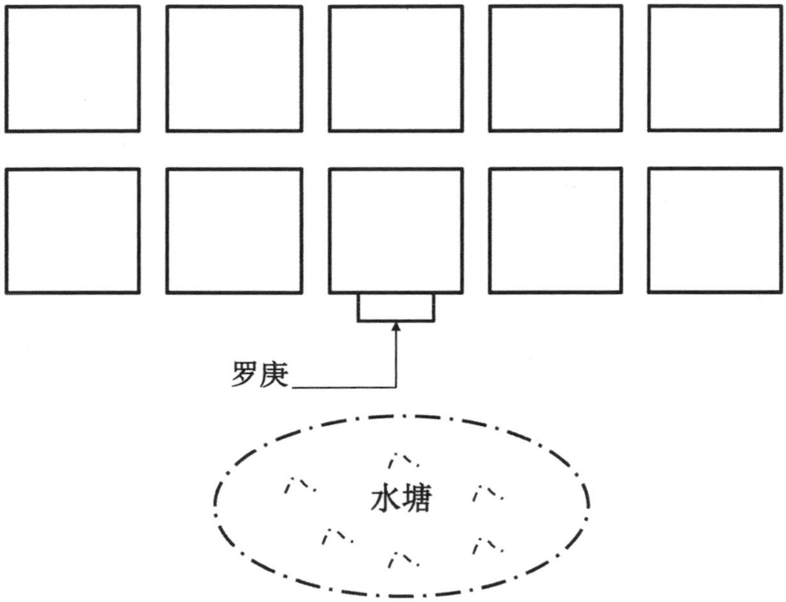

第二章　地命法

本門風水玄命地局法，祖師親傳口訣的風水秘訣，到我這一代已經三十七代，經歷了不少風風雨雨才傳到我這一代，也從未立過文字，都是單傳的，所以在歷代的資料中也從未見過它的內容，地命法的口訣「陰陽歸一路，八卦先後通」，所講的就是地球的氣場，取同類的相交，異者相斥。同類陰陽正配，福蔭子孫後代，本人考證過數千山墳與數百陽宅，準確率高達96%以上，這一驚人的準確率，也難怪歷代祖師都是口傳，不立文字，這一風水口訣，是無價之寶。現在我把這象公式與定律樣的風水口訣傳出，讓更多人認識風水，更不讓真正的瑰寶永遠埋沒。

第一節　論玄關

訣曰：天地造化，有這一竅。
　冬往夏來，緣動之變。
　萬物造化，動變通竅。
　開時物生，閉時衰死。
　周流不息，生機不斷。

玄關機點是指陰宅的生機動處起點，此一點通，滿盤全通，此點閉，處處是死。此點是風水的命根點，生機點一般宜在聚水處和通風口處，總以低處尋機點。

陰宅機點，都從大門、中門與窗的位置來定機點，以內外相通交接最多的地方定機點。

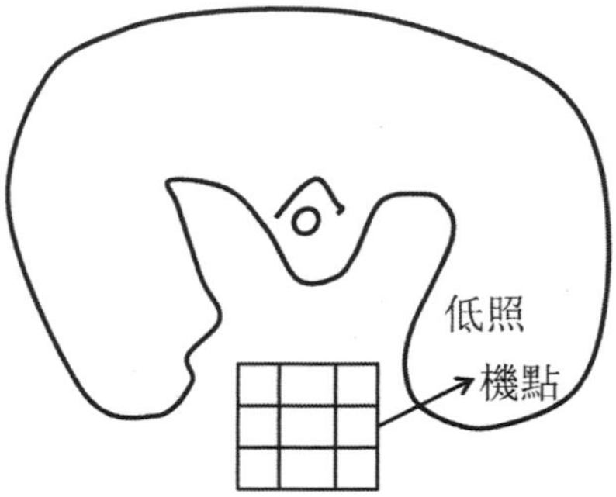
低照
機點

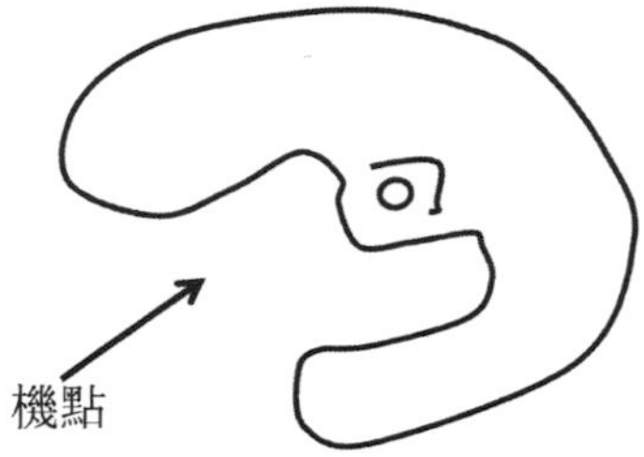
機點

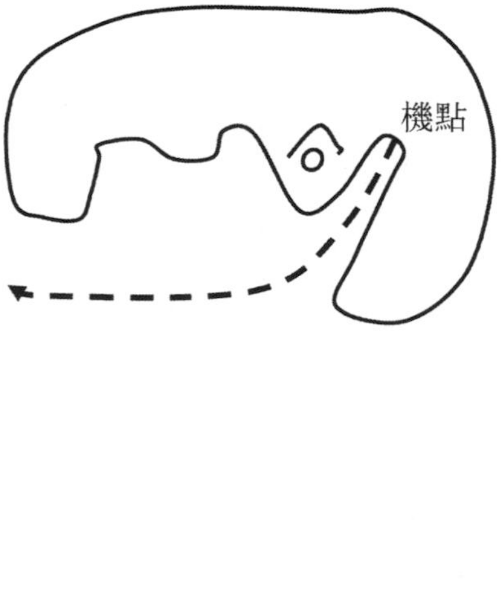
機點

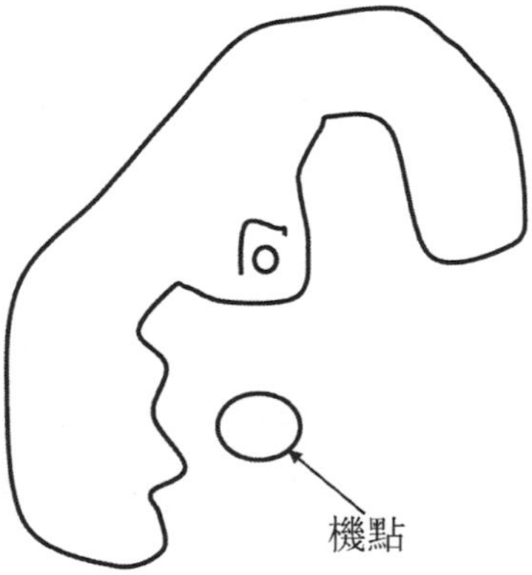
機點

陽宅定玄關機點比較容易，總以屋內與屋外相通交接處定為機點。

陰宅定玄關機點，主要以生機起點來定這個機點，這還需要有實際的經驗，可先去考證有名的古墳，或後代昌盛的墳墓，來開悟，當過了這一關，判斷風水就變得簡單，不論什麼山墳玄關一定，即知衰與旺，玄關決定了坐山的旺和衰。

第二節　地命法七十二局

地命法七十二局，也可講玄關與坐山只構成七十二吉局，其它不合地命法的都是凶局。口訣「陰陽歸一路」法，記得師父常對我講，古人用羅庚只有十二地支，並沒有八干四維，後來增加了八干四維，用羅庚也應先看十二地支，再尋八干四維流通的氣場，同氣相求，同類相交，如有一路通即全盤皆通，不通即全盤皆死。下面將廿四山分十二地支和八干四維兩種情況分別講述地命法。先講十二支，這又分為陰陽兩種情況：

屬陰的地支：丑、卯、巳、未、酉、亥六個地支配陰干：乙、丁、辛、癸，配的二十局。

例：丑山見乙方是機點即配成乙丑局。
丑山見丁方是機點即配成丁丑局。
丑山見辛方是機點即是辛丑局。
丑山見癸方是機點即是癸丑局。

由此可見丑山只有機點落在乙、丁、辛、癸方才合地命法，餘仿此。

屬陽的地支：子、寅、辰、午、申、戌六個地支配陽干：甲、丙、庚、壬，也配得二十四局。

即子山見甲、丙、庚、壬四方落在玄關機點上即合地命法，如甲、丙、庚、壬四方有山、樹木、高大物件阻擋，即為不合地命，此地局為死局。但甲、丙、庚、壬方有一方見水或低田通風，即使稍微偏離玄關點也算合地命法，此地局可用，次吉，當然不如在玄關上的地局吉。

下面再講八干四維口訣「八卦先後通」是指八干四維的氣場流通的方位，如先天乾卦見後天乾卦為八卦先後通：

壬山見機點在坤、庚方為合地命法。
癸山見機點在坤、辛方為合地命法。

甲山見機點在艮、丙方為合地命法。
乙山見機點在艮、丁方為合地命法。
丙山見機點在乾、甲方為合地命法。
丁山見機點在乾、乙方為合地命法。
庚山見機點在巽、壬方為合地命法。
辛山見機點在巽、癸方為合地命法。
乾山見機點在艮、午方為合地命法。
艮山見機點在乾、卯方為合地命法。
巽山見機點在坤、酉方為合地命法。
坤山見機點在巽、子方為合地命法。

以上十二地支配八干四維得四十八局，八干四維互通配的二十四局，合共七十二局，合此七十二局為大吉，子孫後代出貴出富，七十二局通為次吉，後代有強有弱，不合者為死局，後代子孫出凶災，直到絕後為止。在這裡指教學員判斷陰宅與陽宅的吉與凶，判斷範圍很廣，還要學地運到流年法才能斷的常細，並附七十二局批注。（面授再傳）

例，一鄉村，坐丁山癸向，玄關點在乾方正合「乾山乾向乾水朝，代代出官員」，我當時斷代代有當官的，縣級以上，事實代代有當官的，最近的是在廣州當廳級官職。（此例是對整個村莊下羅庚）

例陰宅，古陰宅山墳，大約清朝時造墓，坐壬山丙向，玄關點在坤方，我當時斷代代出富豪，事實代代有富豪出，現一代在香港經商，近年回來大修祖墳，因坤主富，應發大財。

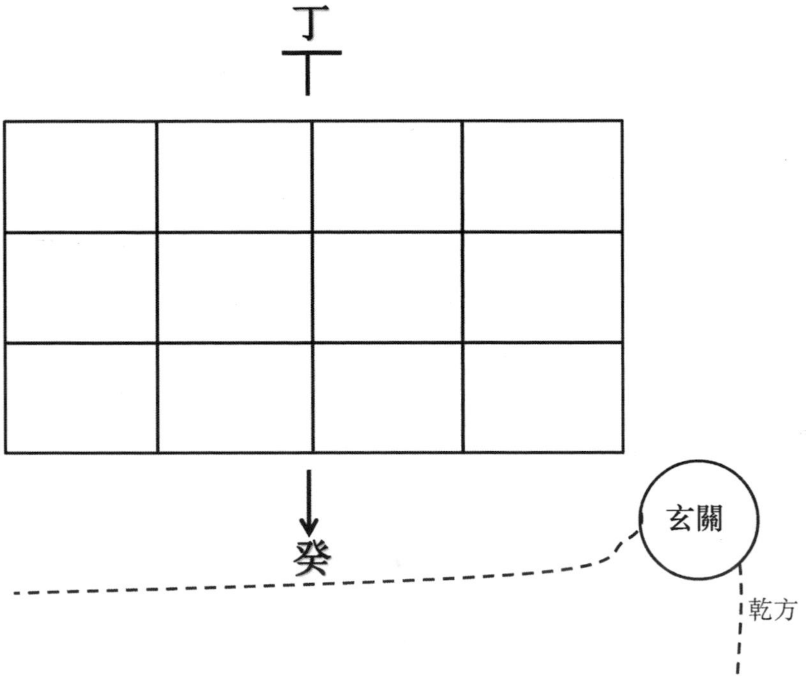
丁
癸
玄關
乾方

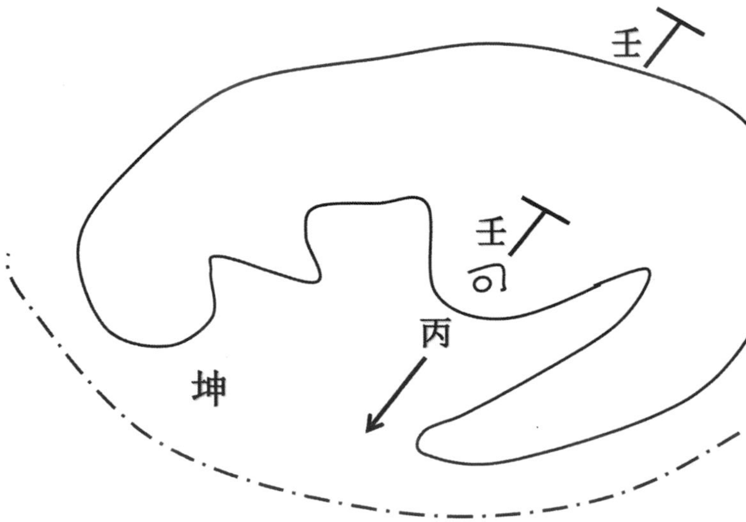
壬
壬
丙
坤

第三章　地運法

前第二章學過地命法，地命局是氣數的根源，所定的範圍比較廣，應期也較長，從數年到上千年都由命局決定，像斷四柱一樣，八字只能推斷一生的大概情況，要再知詳細一點就要再排大運、流年。風水也是如此，只學會命局是不夠的，還要排出大運與流年，現在先來學排大運。

訣曰「向上尋星斗，水口作較量」。星斗是指玄空飛星，從上元一運到下元九運，合共一百八十年，二十年一運：

一八六四——一八八三　一白　　一九六四——一九八三　六白
一八八四——一九零三　二黑　　一九八四——二零零三　七赤
一九零四——一九二三　三碧　　二零零四——二零二三　八白
一九二四——一九四三　四綠　　二零二四——二零四三　九紫
一九四四——一九六三　五黃

玄空飛星是二十年一變，都是以運星入中順佈飛星的。一到九運飛星如下：

9	7	5
8	1	3
4	6	2

一白

1	6	8
9	2	4
5	7	3

二黑

2	7	9
1	3	5
6	8	4

三碧

3	8	1
2	4	6
7	9	5

四綠

4	9	2
3	5	7
8	1	6

五黃

5	1	3
4	6	8
9	2	7

六白

6	2	4
5	7	9
1	3	8

七赤

7	3	5
6	8	1
2	4	9

八白

8	4	6
7	9	2
3	5	1

九紫

例下元七運，飛星一白到丑艮寅三方，丑艮寅三個向，都以一白到向為用的，飛星二黑到丙午丁三方，即丙午丁三個向，都以二黑為自用的，餘仿此。

一白配坎卦　六白配乾卦

二黑配坤卦　七赤配兌卦

三碧配震卦　八白配艮卦

四綠配巽卦　九紫配離卦

五黃為伏位，如七運飛星五黃在震方，以震為用，又如八運五黃在坤方以坤為用，其它仿此。對陰宅當找出當運的到向飛星再尋出水口的方位，再配成運卦。

陽宅是以到山飛星為上卦，大門口的方位為下卦，配成運卦，其它工廠、商店也同樣來配卦。

例一陽宅，立巳山亥向，門在離方，現七運，飛星八白到向配得艮卦，艮為上卦，離為下卦，配得運卦是山火賁卦。

村莊與陰宅、城市等都以向上的飛星為上卦、水口方位為下卦，配成運卦。村莊、城市、陰宅的水口就是指地局的水流去的地方稱為水口，如下圖：

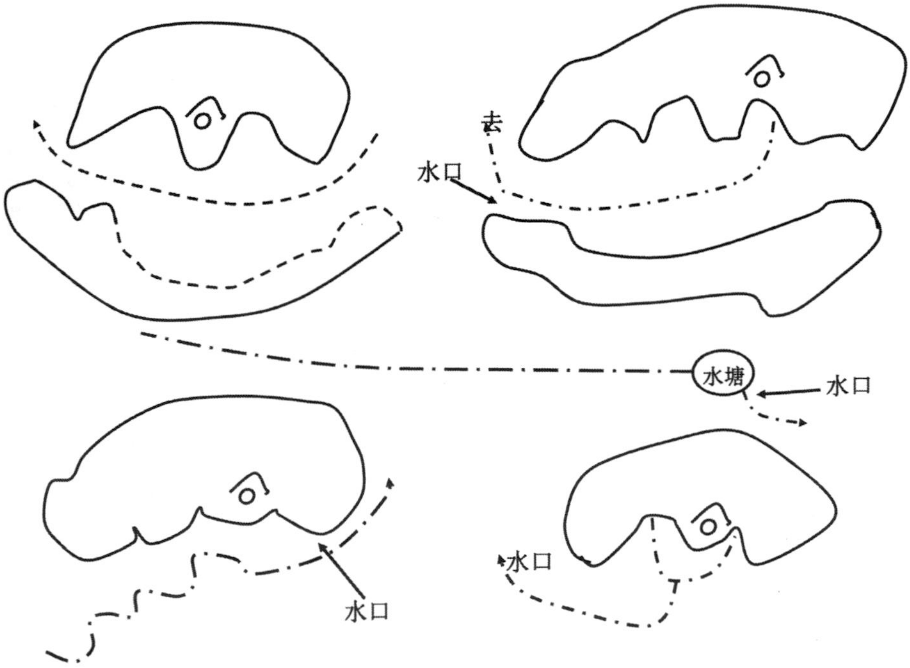
去
水口
水塘
水口
水口
水口

例陰宅，坐壬山丙向，水口在兌方，現七運，飛星二黑到向，得坤卦為上卦，水口方兌卦為下卦，配得運卦為地澤臨卦。

我們學會配運卦，以外卦生內卦為吉主生入，比和旺相吉，生出利外出半吉半凶，剋出為凶，剋入為凶，再看運卦的世爻是何爻持世，對那方面有利與那方面有害，吉時是利，凶時有害。

官鬼持世：吉利公職、九流，凶主病禍。
財爻持世：利經商、利財，凶則相反。
子孫持世：利子孫後代，凶則相反。
父爻持世：利文書，利壽，凶則相反。
兄爻持世：利健康，人眾，凶則劫財。
六合卦：主家中人口和睦。
六沖卦：離散，家中有爭吵。

斷運卦時，注意殺氣方，殺氣是指沖世爻的地支為殺，每一卦都有一個殺，殺臨的方位不能破，如破再見太歲並臨則大凶。還要配合六十四卦的卦象生剋，來判斷，下面附六十四卦，卦象生剋與殺方：

一、乾為天：
二金比和，田產興發，家富殷實，但純陽無陰，刑傷妻子，妻妾重娶。
二、坤為地：
二土比和，財帛豐盈，富貴有餘，但陰盛陽衰，女人持家。
三、水雷屯：
水木相生，富貴極品，子息興旺，福祿兩昌，卦犯純陽，女人不利。
四、山水蒙：
土去剋水，鬼怪入宅，主傷中男，小口不利，陰人短壽，子孫忤逆，人命官司、火災賊盜，邪魔作亂，腎病、耳疾。
五、水天需：
水星好淫，金星多濫，老公精竭而死，中子淫佻，婦女壽短，崩漏墮胎、水臌浮腫、夢遺邪淫，家庭不睦。

六、天水訟：

只立中男，獨發富貴，餘者皆敗，老公婦人，壽短泄氣，家財消散，水臌吐瀉，女人氣血崩漏。

七、地水師：

土剋水，中男黃腫身死，老母瘋狂病亡、墮胎蠱脹、腎虛聾啞、男女凋零，小口難存，官訴口舌，傷人損畜。

八、水地比：

土剋水，主傷中男，瘋狂聾啞、黃腫水蠱、咽噎虛勞等症。

九、風天小畜：

金來剋木，主傷婦女，人財兩散，筋骨疼痛，氣壅產亡，官訟賊盜，口眼歪斜，內亂醜行，翁媳同床，或只生女，不產男丁。

十、天澤履：

二金比和，錢財進益，米穀豐盈，子孫聰慧，婦女美麗，重妻多妾，履卦無財，新宅貧乏，財乏。

十一、地天泰：

土金相生，武曲得位，父母聚興，福壽康寧，財旺子秀，仕宦加官進祿，常人添丁添財，皆主大吉。

十二、天地否：

土金相生，助口正配，家中上下仁義和順，產業豐隆，人口興旺，財積倉庫。

十三、天火同人：

火來剋金，中房懼內，老翁痰火，中風產亡，長房子孫咳喘，虛勞，血光之災，氣喘眼疾，心者濃血夠症，又主官司火盜，小兒損傷。

十四、火天大有

火剋金，先傷老翁，次損中女，主蠱勞喘漱、吐血眼疾。自經投河、火災官非，邪魔作怪，慎內敗財。

十五、地山謙：

陽土陰土重疊，母見幼子歡喜之象，青龍入宅，積聚財寶，母慈子孝。

十六、雷地豫：

震木剋坤土，先傷老母。次及長房，疾病多災，面黃體瘦，子母不和，官災口舌，傷人損畜，退敗田產。

十七、澤雷隨：

金來剋木，先傷長子，長孫，次及少女，長女，人財兩敗，心疼腰疼，白縊投井、跳河凶死，人命橫事，傾家敗產。

十八、山風蠱

土受木剋，陰盛於陽，傷夫剋子，出驚風黃腫，押胃之疾。

十九、地澤臨

巨門入宅。土金相生，財產進益，男女孝義。母女同室，純陰不生，婦人當家。

二十、風地觀：

木來剋土，主傷老母，難產失血、脾疾腹脹、癆擦瘋狂，傷丁破財，邪魔入宅，官訟口舌。

廿一、火雷噬嗑：

青龍入宅，木火通明，招財進寶，大富大貴，定出文人秀士，大吉。

廿二、山火賁：

火來生土，主利少男，橫財進益，但火烈土燥，富貴不久，悍婦性暴，陰人弄權，子孫愚魯，小兒生痞。

廿三、山地剝：

陽土陰土，積累成山，少男投老母之懷，子母有歡悅之象，家業興隆，子女成行，禮佛好善。

廿四、地雷復：

木剋土，主傷老母陰人，小兒生痞，婦女黃病，長子逆母凌弟，賭博破家敗產，氣臌沖心，肚腹膨脹，不思飲食，人死財敗。

廿五、天雷無妄：

金來剋木，父子不和，定傷長子、長孫、陰人小口，老公嗽死，子女不存，氣攻兩肋，積塊攻心，暗啞聲嘶，筋骨疼痛，血光凶死，火盜，宮災，損人損畜，邪魔入宅。

廿六、山天大畜：

土金相生，家財大發，功名榮顯，父慈子孝，小房興旺，子貴孫賢。

廿七、山雷頤：

旺木剋弱土，小口不利，多生痞疾，脾虛胃寒，並主剋妻傷子，墮胎難產。

廿八、澤風大過：
金木刑戰，咳嗽瘋狂、腳疼心疼、血光、自縊、火災、劫害。
廿九、坎為水：
二水比和，錢財富厚，產業興隆，初年順利，但純陽無陰，人丁稀少，生水臌、腫脹、墮胎、白帶、疝氣、崩漏等症。
三十、離為火：
火曜連珠，青雲逍遙。以火濟火，烈焰燎空，家道熾盛，男子夭亡，婦人持家，主痰疾眼疾、心疼頭疼、血光火瘡、陰病渴疾，口苦心焦病症，又主官司，女多男少，小口不利。
卅一、澤山咸：
土金相生，陰陽相配，夫婦和順，富貴雙全，人財兩旺，大吉。
卅二、雷風恆：
二木成林，功名利，田產興，長男長女正配和順，子貴孫賢，兄友弟恭，科甲連綿，富貴雙全。

卅三、天山遯：

土金相生，田產茂盛，功名顯達。父慈子孝，小房興旺，男女好善，但陽盛陰衰，婦女短壽。

卅四、雷天大壯：

金來剋木，定傷長子長孫，老公長婦，氣塊臌心，咽喉阻塞，自縊刀傷，人命凶死，火盜官災，禍患連連。

卅五、火地晉：

九紫生旺二黑，得令旺丁出文秀，失令不良出愚人。火來生土，發財亦速，位崇職顯，升遷迅速。

卅六、地火明夷：

陰神滿地，紅粉樂空。火土相生，純陰無陽，利母與女，婦人當權，男壽短，女多男少。

卅七、風火家人：

巽木生離，木火通明，婦女聰明，善持家業，女中丈夫，仁慈好善，財帛充盈，五穀豐登，光顯榮耀。

卅八、火澤睽：

烈或煉金，傷幼婦少女，男人壽短，瘦癆咳嗽、痰水血崩、面黃消渴、墮胎便血、邪鬼縊溺、火盜官災，田產退敗，孀婦專權，傷丁缺嗣。

卅九、水山蹇：

水土相剋，中男病死，小兒痞死，兄弟不和，夫婦離異，產厄閉經、人命、縊死、溺水、邪龐、火盜官災。

四十、雷水解：

水木相生，家庭和順，財產並茂，初年富貴，純陽不化，子孫稀少，傷損婦女，初年富貴。

四一、山澤損：

土金相生，陰陽正配，家財大發，功名榮顯，婦女賢良，定生四子，子貴孫賢，大吉。

四二、風雷益：

二木成林，最為茂盛，人才兩發，富貴雙全，千祥雲集。

四三、澤天夬：

二金比和，家道和悅，人財兩發，富貴雙全，必出文人秀士，長房定生四子成立，

（子孫爻為酉金，故生四子）但主寵妾當家，偏愛少婦。二房次吉。

四四、天風姤：

金木刑戰，長婦產亡，家多瘋症，投井自縊，痰火攻心、兩肋滯氣、兩腿痛麻、咳嗽吐血，損人傷畜、婦女短壽，傷剋長女，紅杏出牆，翁媳同床，父女相姦。

四五、澤地萃：

土地相生，母女同室，老母當家，溺愛小兒少女，財產日盛，子孫稀少，家多好善，又主寵婿。

四六、地風升：

木剋土傷，老母不利，純陰不利，男子短壽，婆媳不和，孤寡絕嗣，宅內淫亂無主，又生氣臌黃腫，腹脹之病，官災火光，人命橫害，賊由東南入，又主公門破財招禍。

四七、澤水困：

金水相生，陰陽相配，家財大發，功名榮顯，婦女賢良，子貴孫賢，次吉。

四八、水風井：

水木相生，貪狼得位，五子崢嶸，田財豐盛，科甲聯登，男聰女秀，子孝孫賢，六畜興旺。

四九、澤火革：

火剋金，先傷幼婦，次傷男丁，賊盜官非，子女艱難，頭疼眼紅、心煩不寐，癆嗽吐血，財敗絕嗣遭人命，婦女作亂家不安。

五十、火風鼎：

木火相生，聰明奇士，婦女持家，田產豐厚，純陰不長，子孫稀少，家多好善，姑嫂相妒，瘋癱頭疼，眼目昏紅。

五一、震為雷：

二木並植，長男用事，財帛有功，但發長敗少，婦女夭亡，小兒難養，出癡聾愚頑之子。

五二、艮為山：

二土重疊，初年順利，純陽多疾，小口難存，婦女壽短。

五三、風山漸：

木來剋土，小房不利，長婦墮胎身亡，婦女持家，瘋狂癆疾，氣臌攻心，火盜官司，人財兩絕，小兒難成，人口逃散。

五四、雷澤歸妹：
金木刑戰，定傷長子長孫，長婦長女，男人絕嗣，氣成積塊，腰腿疼痛，手足麻木，人財不利。
五五、雷火豐：
青龍入宅，木火通明，婦能作家，田產進益，人才清秀，富貴雙全。
五六、火山旅：
火來旺土，田產並進，父慈子孝，小房興旺，男女好善。
五七、巽為風：
二木比和，婦人賢能、持家立業，純陰傷陽，壽短缺丁。
五八、兌為澤：
二金比和，家道興隆，純陰不生，子孫稀少，發小傷大。
五九、風水渙：
青龍入宅，子孫榮貴，錢財富貴，妻賢子孝，家道和諧。
六十、水澤節：
金水相生，家財大發，小房興旺，家人離散，長敗缺丁。

六一、風澤中孚：

金木刑戰，必傷婦女，陰盛陽衰，男人壽短，長門消散，小二生痦、筋骨疼痛，傷疾缺丁。

六二、雷山小過：

木剋土，主傷少男，兄弟不和，瘋狂痰癆，不思飲食，難產而亡，鬼怪面黃，傷人損畜。

六三、水火既濟：

陰陽正配，富貴雙全，人丁大旺。

六四、火水未濟：

中男中女，夫婦正配，財帛豐盛，功名顯達，子孫滿堂，五福臨門。

據六十四卦玄空生剋斷，是講求表與理，卦象生剋為表，再以卦爻分位氣場取物應來斷，如卦象相生吉，但如財位被破，也是不吉，相反卦象相剋凶，但財位有吉物來應，這時應以吉斷。又如卦象相生，但財不上卦，這時也應分新宅與舊宅，以舊宅來講如財位好也斷吉，但新宅遇財不上卦，求財難，財位被破，斷凶，這方面應注意變通。

推斷時先展開運卦看它的氣場分配，例地運卦是地澤臨卦。

子	酉	⚋	
財	亥	⚋	應
兄	丑	⚋	
兄	丑	⚋	
官	卯	⚊	世
父	巳	⚊	

【地澤臨】

由臨卦可看出南方為父母方位，西方為子息方位，北方為財位，東方為官鬼方，四墓方為兄弟方位，如卦象吉利時利財，再看財位，能應多少財。兄弟方可看兄弟多少，西方為子息方，可斷子女多少，這方面留由自己去變通。

北方斷財・見魚塘、流水、秀峰等吉物可斷財旺，如見破山頭，枯樹等可斷財差。

東方斷官職：見秀山奇峰、水庫、奇石可斷判官職，破頭山、怪石、枯樹、沖路有災禍疾病。

南方父母方位：見秀山、魚塘、水庫、秀林即可斷人口長壽、學歷高，見破物，可斷父母壽短，學位不高。

西方子息方位：見群山、秀林等吉物，即斷子孫昌盛，北方見破，即可斷人丁稀少、夭折等。兄弟方位破，即可見破財，口舌是非。

可見當我們排好運卦時，即可明確知道哪個方位是：子、父、官、兄、財，一目了然，這方面只要自己的六爻水平與結合環境來變化，這方面是千變萬化，要大量實踐以提高自己的實際經驗和悟性作判斷，現舉二例開悟：

例一：陽宅，運卦配得天地否卦。

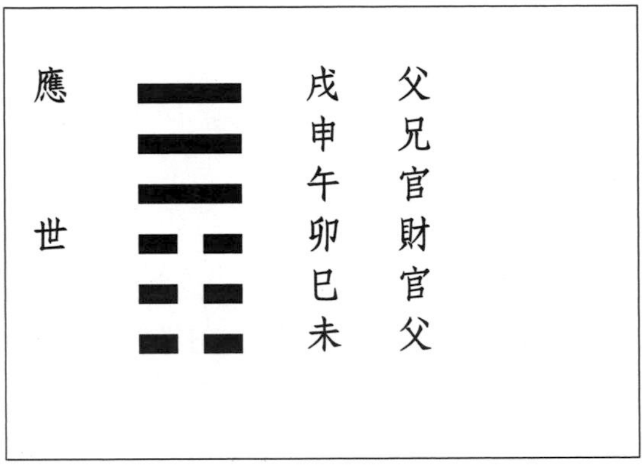

【天地否卦】

如判斷家中兄弟人數，兄弟位在西南方，得四九相配，可斷家中兄弟人數四人或九人，若據當地的風俗可斷四人，但實際只見西南方有三幢房子，即斷有一人夭折現有三人。

例二，陰宅：運卦配得天火同人。

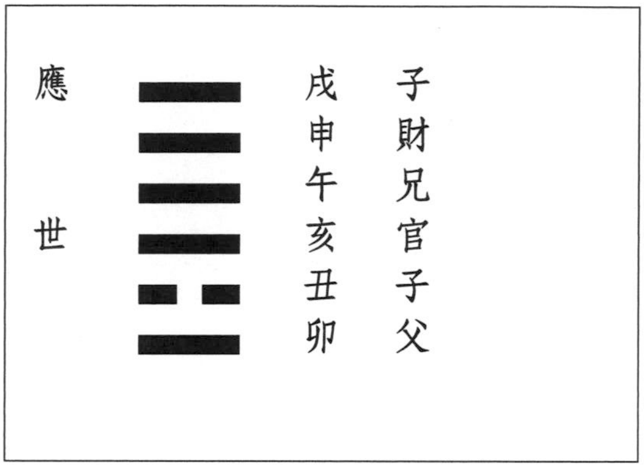

【天火同人卦】

如判斷後代子息人數，可見卦中兩個子孫爻，可斷後代子孫當旺，但見丑、未、辰、戌四方，只有未與辰兩方活，丑與戌兩方被壓住，即斷可得五子。

第四章　流年變爻法

訣曰：

歲君值何方，三合見分明。
若會吉神臨，此年喜慶多。
最忌凶物破，有災實難逃。
年月皆同推，時日同一理。
若能早作防，保君永安康。

風水來推斷流年是根據當年的太歲照臨的方位，如子年太歲在子位，餘仿此，查此方是何物來應，是吉還是凶，再對運卦作變爻推斷，這叫三合見分明，不是子年看申子辰這三方位如何再斷吉凶，當然有的風水門派斷流年主要看歲君值方面再配合物應來斷，這樣斷的範圍比較廣，一定要有豐富經驗才行，不像本門風水斷的精細明確，流月與日時按同一個道理來推斷，這方面要靠自己的水平了，一般能推斷到流年已經不簡單，再能推出月日時就可稱為神。

本門風水流年斷法，是以太歲對卦運的卦爻來論刑沖剋害，生扶拱合。再配合物應的吉與凶來推斷，像六爻的日辰與卦爻論生剋，但與六爻不同的是六爻只有一個用神，但斷風水時運卦的每一個爻都可作為用神來推斷。

例一：陽宅，坐巽山乾向，大門在乾方，現七運，配成山天大畜卦為卦運。

官	寅	⚊	
財	子	⚋	應
兄	戌	⚋	
兄	辰	⚊	
官	寅	⚊	世
財	子	⚊	

【山天大畜卦】

若太歲值亥子方位，無凶物來破，相扶財位，這兩年財運相當好。
若太歲值亥子方位，無凶物來破，相府官爻，如家中有人公職與九流，則可大利名聲。
太歲若值辰方位，此方空見路為小凶，沖運卦四爻兄爻，兄旺逢劫，當見破財。
例二：鄉村，坐丁山癸向，水口在乾方，現下元七運，配成雷天大壯卦。

兄	戌	
子	申	
父	午	世
兄	辰	
官	寅	
財	子	應

【雷天大壯卦】

太歲值寅卯方位，此方有破屋，沖犯運卦五爻子孫，可斷這兩年對小孩不利，五爻為道路，果寅年發生交通意外，一小孩被車碰死，卯年另一小孩離家出逃。

例三：陽宅，坐子山午向，門口在離方，現七運，配成地火明夷卦為運卦。

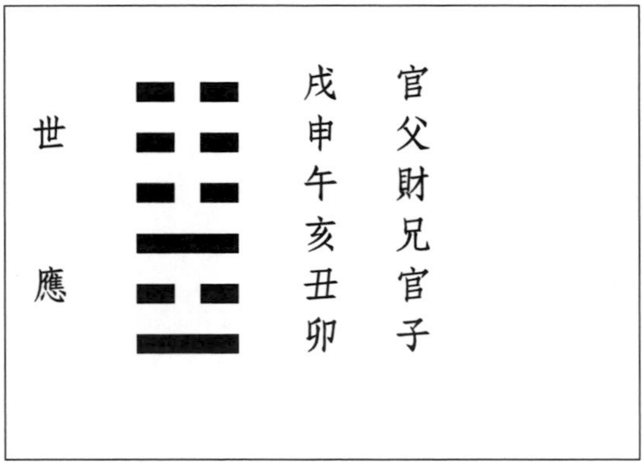

【地火明夷卦】

太歲值子方，此方是廚房，沖運卦財爻，此年見破財，或有大的支出。

太歲值丑方，此方是一片空地，扶應爻官旺利公職。

太歲值寅方，此方也是一片空地，沖犯世爻父母，再加上是殺氣到臨。此年父母有災或有文書方面的不利勞其心。實際其年父得一場大病，足足病了三個多月才見好。

太歲值卯方，此方有一片樹，扶運卦的子孫與財爻，斷此年收入大增。

例四：陽宅，坐亥山巳向，大門坤方，現七運，配成運卦為天地否卦。

父	戌	⚊	應
兄	申	⚊	
官	午	⚊	
財	卯	⚋	世
官	巳	⚋	
父	未	⚋	

【天地否卦】

丙子年，子方見樓房應小凶，沖運卦中的官鬼爻，斷此年不犯病，也有官非，實際此年家中人口不停有小病，也有官非，被誤會抓到派出所去。

丁丑年，見丑方是平房為平，沖運卦中的未爻父母，斷此年父母有遠行，或出外一段時間，實際母親到海外定居。

戊寅年，見寅方是小路還有破物，沖運卦的申爻兄爻，斷家中兄弟有事外逃，實際家中其弟離家出走一段時間。

己卯年，見卯方是平房，斷此年可得大財，因卯扶運卦財爻相旺，有得財之應。

例五：陰宅，坐丁山癸向，丙午分金，水口出乾方，玄關機點庚方，現七運，開羅庚時問享者立申方，此墳是新立的。

1．先看地命局，丁山只有機點在乾與乙方才合地命法，見乾與乙兩方有山壓住可見是死局，可知此山墳凶不利後代，久後會出大凶。

2．再看現時地運如何，現下元七運，癸向水口乾方，配得雷天大壯卦。

【雷天大壯卦】

此卦剋出本來凶，卦又逢六沖，主家中人口有離散，問世者立申方，申住此地氣場中為子孫，申方有工廠來破，我斷事主是想問家中之子女出事外逃的事，是屬午的屬相最凶，錢財各方面得少失多，主家連連說對，次子屬馬離家出走。

流年變爻：

1. 九六年丙子，太歲在子方，子方是低田無凶相物，但太歲沖世爻，為殺氣，所應父母勞心，子外逃之事。

2. 九七年丁丑，太歲在丑方，丑方也是低田無凶物相之物，丑與運卦應爻剋合，可斷此年財有小得。

3. 九八年戊寅，太歲在寅，寅方有一條小路並沒大凶之物，殷與卦中五爻子孫相沖，五爻為道路，此年有發生交通意外應傷及足部，果然九八年底發生交通意外，足部有傷，正應大壯初爻房足疾。（壯圖躓足）

流年細斷時，應注意沖世爻的地支為殺氣，如此方有破凶之物來應，此年大凶，應注意。

關於流月與流日流時的斷法與流年相同，可參考流年斷，由於本人未達到這個水平，也未判斷過流月，所以沒有例子提供。當我們學到這層次時都要有深厚的六爻水平才能細斷入微，如未達到，則只能斷哪個方面吉與哪個方面凶。

第五章　些子擇日法

陰宅與陽宅以往絕大多數人都是用五行擇日、奇門擇日、六壬擇日等方法來擇日，他們根本不知道地局中的氣場變化，怎能知如何旺財與旺丁。妄自稱擇的時日會旺財旺丁，陰宅與陽宅用以上的方法來擇日根本上是錯的，當然屬於巧合的也有，就看天意吧。擇日法各有長短，看它用在哪個方面，入奇門擇日法，古代用在軍事上，近代用在經商方面，但用五行擇日來擇日經商洽談就不如奇門擇日。如合婚用五行擇日會勝過奇門擇日，絕不要叫打鐵工去做木工。就是這個道理。

本門擇日有財些子、子些子、官些子、父些子、兄些子幾種，這些些子就是運卦的氣場，當你明白地局的氣場分佈，那麼擇吉日就是一件非常簡單的事，當排出地運卦時六爻的分佈就是氣場的些子分佈，擇日時想助財就用生扶財爻些子日，旺子就用生扶子息爻些子日，就是那麼簡單。

本門些子擇日口訣「日月並臨扶，只用財與丁。」日是指日辰，月是指月支，並臨扶是生扶運卦的六親爻，只用財與丁，就是擇日時主要用生扶財爻與子孫爻的些子日。從而達到財丁兩旺。

擇日有扶與補兩種。扶是指陰宅下葬與陽宅進伙時用的日子稱為扶，扶是扶助財與丁的意思，補是指修補，如子息不旺，求子，就擇些子日來生扶子息方，這稱補。

本門擇日法擇日是用月支與日支來取用的，其它不用。但要注意的是擇日用的是擇日用的日子要求五行氣純清，所以要避開年月日時互相刑、沖、剋、和合局，以免改變地支本來性質，如擇的日與月支是卯支來助財，但年支為子，子與卯相刑，卯木本來性就變了，這時卯木就不能助財，如運卦中見午戌刑災即至。又如卯月支用的時辰正好是酉時，酉沖卯，卯木性質也變了就不能用了。再如日月用巳支來助財，但年月時或年日時合成巳酉丑金局，那麼巳支的性質也變成金，就不能用，但合旺本局可用。

六沖有：子沖午、丑沖未、寅沖申、卯沖酉、巳沖亥。

三刑有：子刑卯、卯刑子、寅刑巳巳刑申。

申刑寅：丑刑戌、戌刑未、未刑丑。

六合：子丑、午未、巳申、辰酉、寅亥、卯戌。

三合局：申子辰合水局，亥卯未合木局，寅午戌合火局，巳酉丑合金局。

擇日不能用殺氣的支來用，殺氣是指沖運卦世爻的地支，會速見禍害。

月支：對運卦起作用大，但應期較長。

日支：對運卦起作用小，但應期較短。

月支與日支不能同時扶運卦的一個爻，如運卦卯為財爻，就不能用卯月與卯日兩個財些子日來助財，這樣會過旺，物極必反，這樣反傷父母爻。

日與月些子只對運卦氣場中的有的氣場爻起作用，如運卦中無財爻，則不能擇日來催財，如擇財些子來修財，這是無用的。

例陰宅，坐壬山丙向，水口兌方，現下運七運：配成的運卦為地澤臨卦，擇日於已卯年乙亥月甲申日，辛未時下葬。

子	酉	⚋	
財	亥	⚋	應
兄	丑	⚋	
兄	丑	⚋	
官	卯	⚊	世
父	巳	⚊	

【地澤臨卦】

月支中的亥世爻主要扶旺財爻，起催財作用。日甲申日只要扶子孫爻，起旺丁作用，為什麼不用酉日，因酉與世爻相沖為殺氣，用之即有災禍。

為什麼換用亥卯未三合木局，那麼亥水的性質改變不能助財，其實不是這樣，有申金把未分開，金破木局，這時三合作用力很弱，但還有助官的作用，因官爻不能直接卦扶，這樣的日子會對財子官都有利，這都要自己去領悟變通。

扶山扶宅擇日主要是助財與旺丁的財與子些子日。

補山、補宅，可針對運卦的六親爻來擇日。一般用日支配合月支。

例家中人口連年多病，要修官鬼方位，可擇父些子日來泄官鬼方位的氣，化解病。

例家中人代代單傳，要修兄弟方，擇兄些子日來生扶兄弟方，變兄旺人眾。

家中無子，修改子息方，擇子些子日來生扶子孫位，其它仿此。

這裡值得注意的是，如家中有人當官，想擇日來修改官鬼方來助官運，則吉與凶各半，因官與災同方，修改後有時反見災禍，一般不助旺此方位。

第六章　調解風水活用些子法

調解風水也叫修方，因為哪方有缺點，就要修改這個方位，來達到陰陽平衡。上五章講過，財運差，修改財方；子孫不昌，修改子息方；病災多修，修改官鬼方；人丁稀少，改兄弟方；學歷差、父母壽短修改父母方位。調解風水先定出哪方而要修改，如財運差，先從運場卦中找出財是在哪方位，在擇財些子日來修改這方位來改善財運，其它仿此。

例一：鄉村，坐子山午向，水口出巽方，現七運：配成地風升卦為運卦。

官	酉	⚋	
父	亥	⚋	
財	丑	⚋	世
官	酉	⚊	
父	亥	⚊	
財	丑	⚋	應

【地風升卦】

己卯年，有人在村的後面，丑方位置立了個新山墳，村中的人有十幾戶是做生意的，此年差不多都破大財，請了幾個風水師來修改都無效，後請我去看風水，我立排出運卦後，在村的周圍看了一次，發現丑方開了個新山墳，是否此墳立後，村中人才發生事的，人人都說是，我斷因卯年沖酉官主災，財位被破，當然會發生破財事，我當即擇了丑日，叫人把這個山墳搬走，在用草皮鎮上，就有了轉機。

例二，鄉村，坐午山子向，水口在震位，現七運，配成震卦為運卦。

【震為雷卦】

九六年丙子年，有人在村對面山子位，也是開了個新山墳，正照村中的子息位，再加上太歲子沖午子孫方，可見是大凶之兆，這一年村中發生過有六個都是二十歲到三十歲左右的青年死亡，事後村中人立叫墳主馬上搬走山墳，再請法師做一場法事。此後再沒此類事發生，這例是我事後才去考證的。

以上兩個例子，都說明陽宅氣場不能與陰宅氣場相沖犯，如被陰宅破即有凶災。

例三陰宅，坐乾山巽向，水口出離方，現七運，配成天火同人為運卦。

子	戌	⚊	應
財	申	⚊	
兄	午	⚊	
官	亥	⚊	世
子	丑	⚋	
父	卯	⚊	

【天火同人卦】

此墳，財運差，要修改財位，我擇了申日叫墳主去把申酉方的墳邊土坡鋤去，使這個方向見到田，改後數年，墳主的財運比以往有了改變。

例四，陰宅，坐丑山未向，水口在乾方，現七運，配成風天小畜卦為運卦。

兄	卯	⚊	
子	巳	⚊	
財	未	⚋	應
財	辰	⚊	
兄	寅	⚊	
父	子	⚊	世

【風天小畜卦】

此墳，家中的人口連年都有病災，身體總是有事，沒法醫好，我看此墳官鬼方申酉方有怪石來破，我斷沒法調解，因卦中沒有官鬼墳，擇日對官鬼方不起作用，另尋一地遷走最好。

例五，陽宅，坐辛山乙向，門在離方，現七運，配成雷火豐卦為運卦。

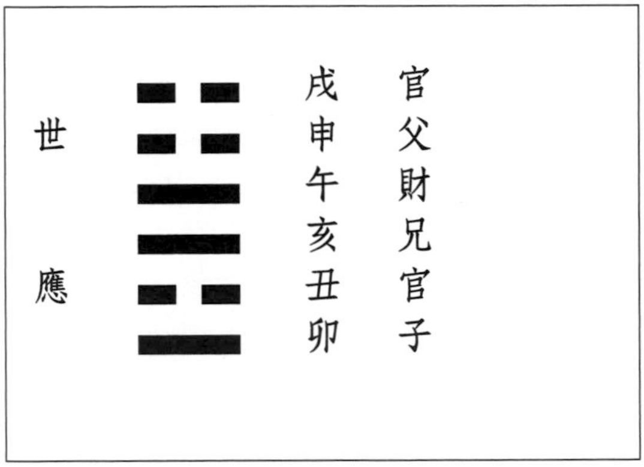

【雷火豐卦】

此家人口不和，人口是看兄弟方，亥子方是廚房，廚房屬火與亥子方相剋，兄弟方被破，我擇亥日叫屋主把廚房搬到卯方，以後家人較和。

例六，陽宅，坐乾山巽向，門在兌方，現七運，配成天澤履卦為運卦。

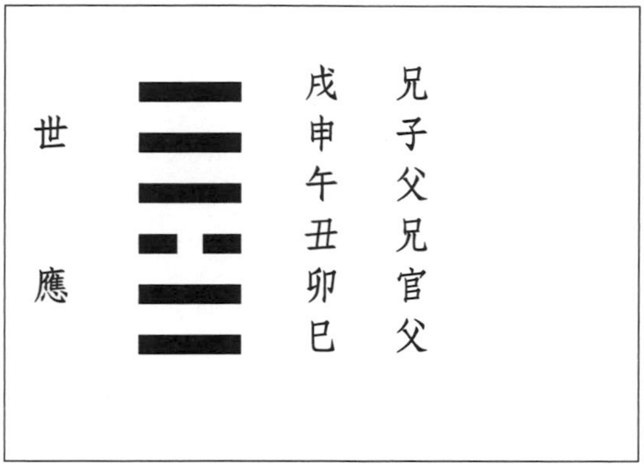

【天澤履卦】

此宅建成後屋主生意連連失敗，我排出運卦時發現財不上卦，沒法調整，叫屋主改門口，沒法調整，叫屋主改門口，此屋是三層樓房，地下是商店，只有坎方有位置開門，配成天水訟卦。

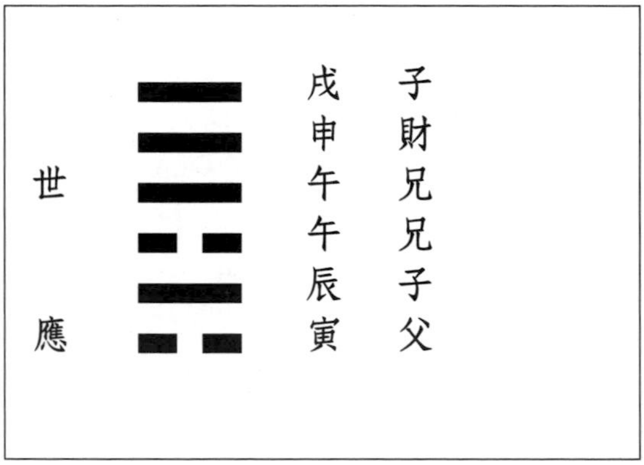

【天水訟卦】

我擇申日，叫屋主把原來的兌門封了，開坎門，這樣會對財運有改善。果然改後，生意也旺氣起來，正應古語，「富改山墳窮改門」。上例為什麼不用天澤履卦來擇日，而用天水訟卦來擇日。因卦掉兌門，此局的氣場都改變了。履卦場不復存在，新的氣場形成，當然要用訟卦的場。

例七，雷某請去觀陰宅，坐巳山亥向，立丁巳分金，玄關點癸方，水口出艮方，現七運。配得艮為山卦：

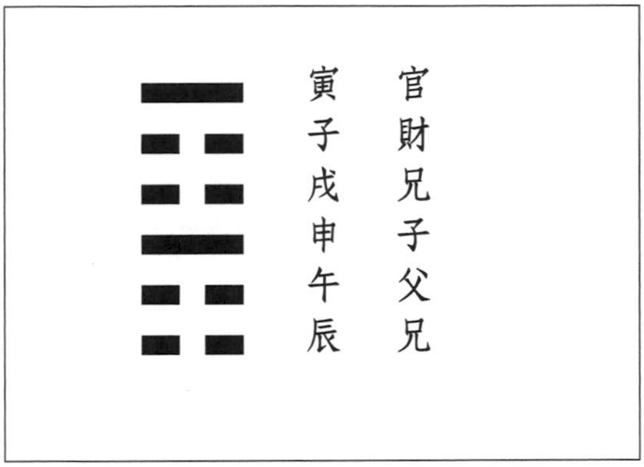

【艮為山卦】

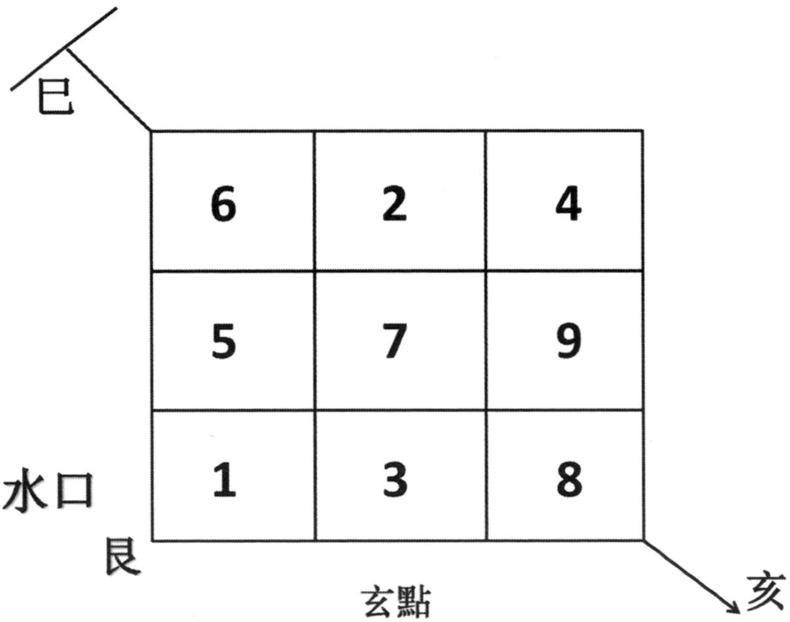
巳
6 2 4
5 7 9
1 3 8
水口
艮
玄點
亥

分房圖

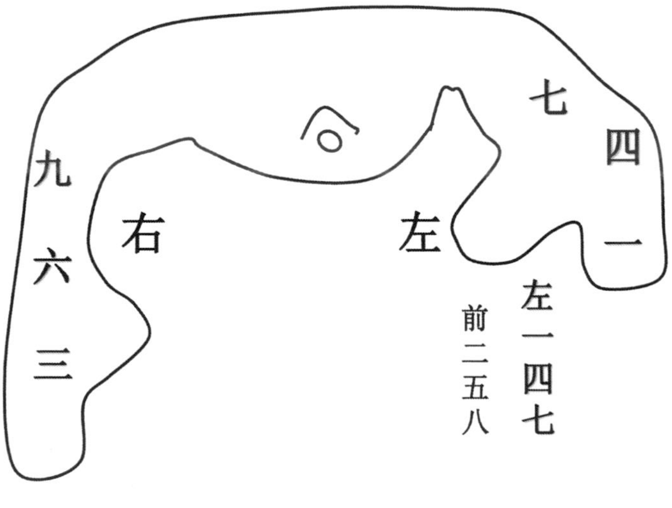
七
四
一
九
六
三
右
左
左一四七
前二五八

斷，此陰宅坐巳山，玄關機點癸方合地命法，再看運卦二土比和相旺，應斷當元大利。再看此地局左強，右弱，丁巳分金來剋玄關機點，我當時斷一四房發財，二五三六房，皆敗，寅方有帶破，病災不斷。事實只有三兄弟，長房大發財，二房病亡，三房生意失敗，欠債無法還，逃到外地。為什麼同一個地局但房份有這麼大的分別，我們來一一分析。

長房：居地局左邊，此方寬大秀美，應吉認，玄關癸水得分金剋玄關癸水，在前方坎卦中，在家運卦世官有破，中子不病亡，也有橫災。

少房：居右邊，此方是退水地，即水口處。水口處見亂石頭，應凶論，現運卦得艮卦，為六沖有散的作用，故應少房也剋破。

此地局，是錯用丁巳分金，剋破三、二房，所應吉氣都偏到長房去，所以斷房分的重點在分金上。

例八，長城酒店，坐辛山乙向，大門在甲卯兩方現下元七運，配得運卦為震卦。

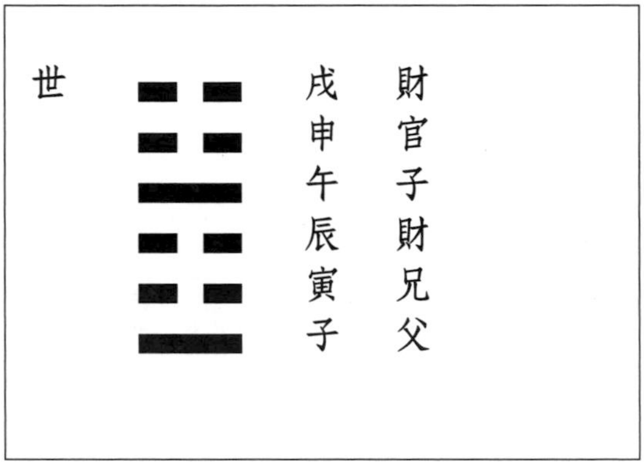

【震為雷卦】

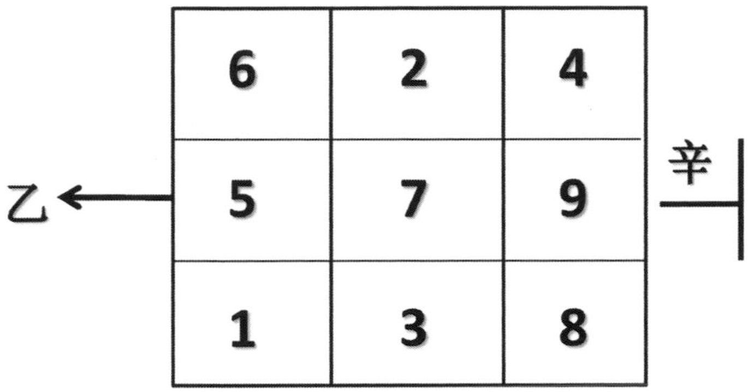
6
2
4
乙
5
7
9
辛
1
3
8

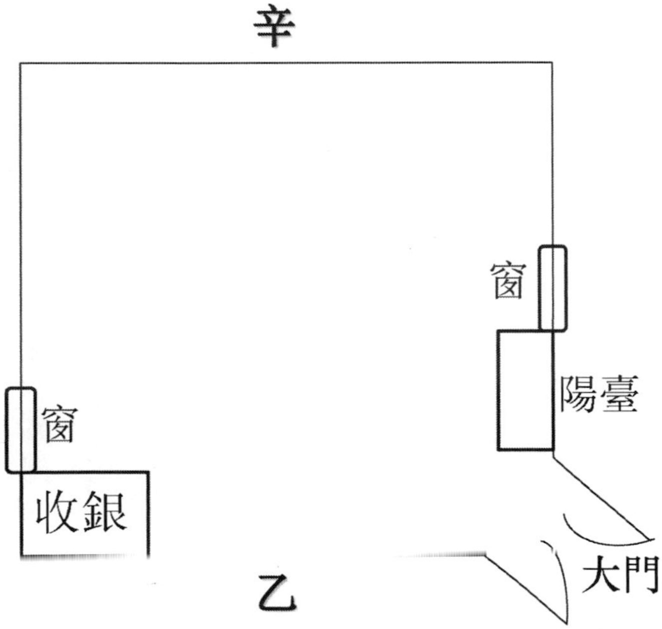
辛
窗
陽臺
窗
收銀
大門
乙

此酒店，坐辛山，巽與癸兩方都是牆，不合地命法，再看運卦是財爻持世，應生意還算可以，但我未去看風水就聽老板講此酒店開張後，客源稀少，連連虧本，再看收錢台放在寅兄弟方，我就對老板講，這酒店，開張不合時宜，且收錢櫃台位置不對，後老板講出是九七年十一月開張，是子月開張，扶運卦兄爻，沖破卦中子孫爻，子孫是酒店的客源，又逢九八、九九年，是寅卯年兄旺劫財，哪會有生意。

例九，九八年，雷某請去斷風水，木器製品廠，坐卯山酉向，現下元七運，大門在坤、兌、乾三方的位置上。

【火水未濟卦】

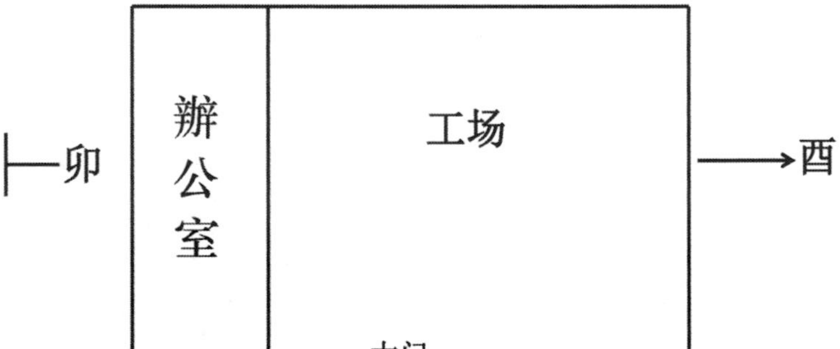

遇到兩個大門的陽宅，可立兩個卦結合起來判斷，但有的工廠、商店、大門在三個方位都有，這時若配成三個運卦來判斷就比較混亂。這時就要尋找主動點，如工廠的辦公室、商店的收錢櫃台等來配卦，這木廠的辦公室在坎方，配得運卦為火水未濟卦。

此木廠辛方通氣合地命法酉財方是一條公路來抱，應發一時之財，因兄爻持世沒能長久得利。八九年、九零年這兩年，巳午年，扶兄爻劫財，應有破財之事，事實九零年查稅罰了三十多萬元。

九一年未、九二年申、九三年酉、九四年戌，是金土相旺，應該是生意最好的幾年，老板點頭稱是。

九五年、九六年這兩年亥子年，沖犯世應兄爻，應破財，再看亥方新建一間警務區，斷應有官非、橫禍發生，事實九六年，發生意外事故壓死了一名工人。

金土相旺的時間已過，以後會變得衰落，不再有以往的光輝，因再來的是木火相旺年份，兄旺不利財。

例十、九九年，雷某請去看石橋鄉政府辦公室，地下辦公，樓上是老人娛樂室，坐甲山庚向，大門開乙方，現七運，配得，運卦為火雷噬嗑卦。

【火雷噬嗑卦】

坐甲山，先看艮、丙兩方，這樓艮、丙方不通，在酉方位用來放置垃圾這類雜物，我當時斷，此樓利經商，不利公職，有老人在此樓死去。

解：因財爻持世，所以用這樓房來開商店是有利的，但用作政府辦公室，官位不能破，破則不利，因九八、九九年屬寅、卯、木旺、沖剋官鬼爻，此樓常有老人在此活動，所應有老人在此樓死去，事實遷到此樓辦公室遇上很多麻煩事，有三個突然在此樓身亡。

例十一陽宅，坐午山子向，大門在壬子方，現下元七運，配得地運卦，雷水解卦。

財	戌	▬ ▬	
官	申	▬ ▬	應
子	午	▬▬▬	
子	午	▬ ▬	
財	辰	▬▬▬	世
兄	寅	▬ ▬	

【雷水解卦】

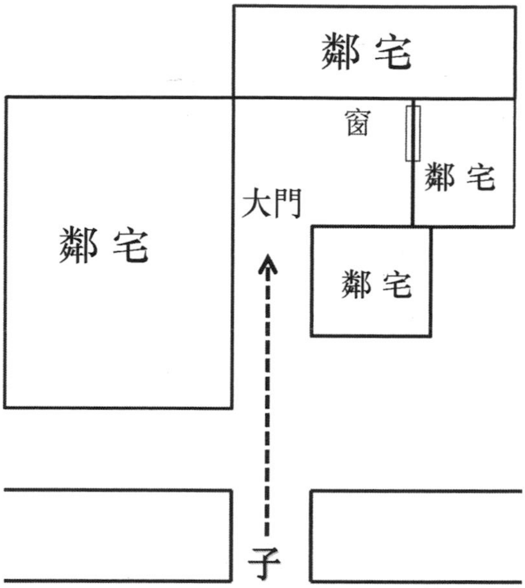

此宅四周都是鄰宅，把此宅困在中心，根本沒有透氣的地方，從大門的方向望去有條長巷約有三十米長，寬四十公分左右，從壬方直來到面前。此宅壬方通氣合地命法，此宅可稱為絕處逢生，再配合運卦財爻大旺，宅主應住進此宅後發了大財，事實，此宅一直都沒有人敢去住，因四周的樓都把此宅困在中心，宅主在沒有選擇餘地的情況下住進此宅後，短短數年就發了大財，此宅是絕處逢生之格，玄關一通，滿盤皆同。

第七章　來意與外應的斷法

當習風水到這一步時，已經進入高層次的玩物象變化，這種境界，取及天時、地利、人事的變化來推斷周圍環境變化，一般很難習到這一境界，從未有風水門派對來意和外應作推斷，一般都是配六爻和六壬、奇門等來對來意和外應作判斷，但很難判斷，是由於包含內容太廣。現公開本門測來意與外應的方法，使你領悟到本門風水的奧妙。從而開悟你的思維，使你步入風水之巔峰。

第一節　論測來意法

六壬金口訣，是據來人的坐方，再看是坐喜神與坐凶神方來論斷吉與凶，這種方法與本門測來意法有近似的地方，主要是取問事者的第一時間信息，來意測的準與不準，這一步是關鍵。這一時間信息，還要看風水師是如何捕捉。例如斷陰宅風水問事者在東方的卯位停留了一會，這卯位可定位信息位：，又如事主第一時間望向墳前石頭，這塊石頭的方位可定為信息位：，再如風水師開羅庚時事主站的方位可定為信息位：，例陽宅問事者第一時間碰了家中的電器，這電器在的方位可定為信息位。捕捉第一時間信息是測來意第一步，再配合本地人情習俗，問事者的年歲，結合判斷才準，例如問事者大約廿四、五歲，再根據本地的風俗，絕大多數都是未結婚，那麼他也不可能問妻子與子女的情況，應以事業和錢財等有關，這就要由自己去靈活變通。

例：陽宅、開羅庚時問事者立申方，此宅運卦為雷天大壯卦。

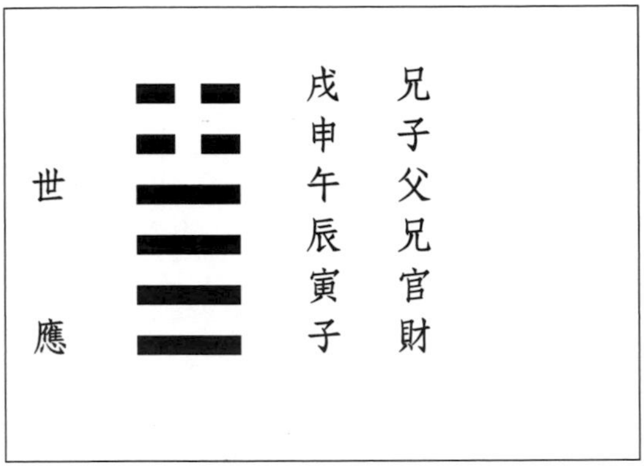

【雷天大壯卦】

此卦剋出本來凶，卦又逢六沖，主家中人口有離散，問事者立申方，申任地運卦氣場中為子孫。再看有工廠來破，我當即斷是事主想問家中之子女外逃的事。由大壯卦可看到西方申酉為子孫方位，此方斷子孫有關事。

寅卯方為官鬼方位：外應好時可斷官職，事業有關的事；外應破可斷官非、疾病、禍災。

子丑方為財位：外應吉可斷錢財與妻等事；外應凶可斷破財、妻災。

巳午方為父母方位：外應好時可斷為父母壽，文書等有關事，外應破可斷父母災，短壽、學位等方面事。

四墓方是兄弟方：外應好可斷兄弟強，人身體健康，帶破可斷口舌、失盜。

測風水來意不外是測：子女、錢財、官非、疾病、災禍、父母、夫妻、口舌文書的範圍之內。

舊的陰宅與陽宅、商店、工廠等絕大多數是有事發生後才請人去看風水，這主要斷凶為主，這時測來意才有意義的。

新造的工廠、商店、家宅和陰宅請去看風水主要是看是否旺人與財，問事者一般無固定目地來請你去看風水，這時斷來意是無意義的。

第二節　測外應法

是指陰宅下一葬時周圍會發生什麼事物來應，陽宅是指進伙時有與什麼事物來應。這類斷法屬於最高層次的斷法，由於事物是千變萬化的，非要有隨心所欲的高超六爻水平，才能斷準，水平未達到者可曠大範圍來斷事，等過後再反覆研究，從中吸取經驗，反覆練習，日久後總會有成效的。外應注意的一個方面是取決於地方風俗範圍，如在城市，會很難見到有牛、馬、雞等動物，但在有的鄉村，可能會很少見到汽車、飛機等物件，這方面決定於地域範圍。

側外應是用運卦的應爻與月支與日辰的刑沖剋害與生扶拱相進行判斷的。

兄弟爻：口舌、眾人、朋友、破財、失盜

子孫爻：小孩、日用品

妻財爻：錢財、食物

父母爻：車輛、長輩、床

官鬼爻：官員、傷災

五行金為白色，水為黑色，土為黃色，木為綠色，火為紅色，還要配合八卦萬物類象，十二支屬性等作變通去靈活判斷。

例陰宅下葬，配得運卦為地澤臨卦側外應。擇日為：

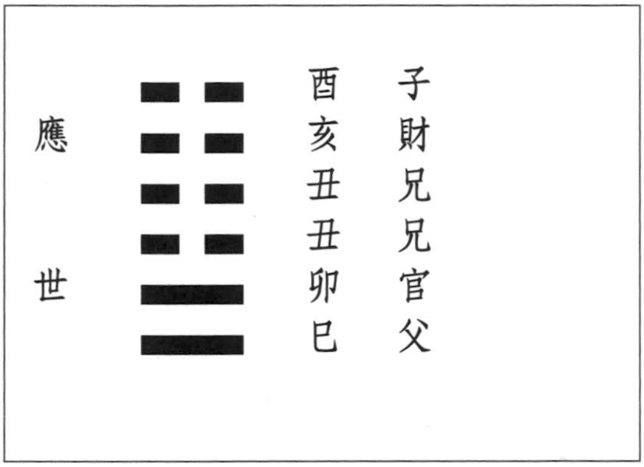

【地澤臨】

卦中亥財水為應爻，在五爻為道路，亥月相扶應爻有得日辰申金生之，可說應爻當旺，可斷道路上有與財爻有關的事來應。這天事主出門去辦下葬的事，正好在路上能否用得上就要自己下苦工。

方法我是教給大家的，由這個例子我們可領悟到什麼。有人打電話叫他去取錢，

第八章　地眼氣法

常言道，三年尋龍，十年點穴。可見風水點穴之難，一般風水師靠自己知識與實際經驗來追尋地脈的氣線來點穴，這種方法難度相當大，沒有數年的實踐功夫是不行的。但準確呂又不甚高，以往學風水點穴一科最為辛苦，一般都先從有名古墳入手，從前輩的師傳中吸取經驗，再自行實習。此一步是學風水不可缺少的。有志風水者必須下大苦功學好點穴。本門祖師經千多年來實地點穴經驗總結出一套，較準確的穴證法來驗證所點的穴位是否正確，就是外應證穴法：

1. 挖開土皮三尺，見到有像人的手指紋樣的土紋，此穴為真穴。
2. 當連續下了大雨後，先干的地方是真穴。
3. 當整個山頭都不長草，只有一小片長出青草來，此也是真穴。
4. 當發生火災時，整個山頭差不多燒光，但有小塊不燒的地方，此必為真穴。
5. 當下雪時，先融化的地方，是真穴。
6. 當下霜時，清晨見草木都結霜，見有無霜的地方，此為真穴。

7. 鋤開樹木見到樹木的根不向外生，而是生成向元秋一樣的，此為真穴。

8. 當清晨見到山上有像吸收云氣的地方，此也是真穴。

凡看到有符合其中一條的特徵的，可判斷為好穴，但配合巒頭氣線入穴會更準。下面介紹本門點穴達百份之九十九以上的點穴秘法，天人感應點穴秘法：

萬物都是得氣者榮，失氣者枯，這是地氣場的作用，地的氣場分佈在地球表面，人如何測量氣場分佈的強與弱。陽氣從冬至一陽剛生，這時也是一年內地氣最活躍的時間，晚上子時到寅時，是地氣反應在一天內最強時。這段時間人體也能感應到地氣活動。方法是在冬至後的一個月內，晚上子時到寅時，氣溫最好在四度左右，到來龍會聚處，當感到有一股暖流會聚處，此為真穴，有的地方如氣場強，可感到有一股溫流像流到自己的身體內，覺得很舒服，使人感到這處特別溫暖。其它的地方沒這種反應，此為真穴。因為穴位是太極點，是陰陽相接的地方，當周圍是熱的，是陰中之陽和陽中之陰，二氣交接點，這就是風水真龍穴。此方法是點穴之最高境界，望有緣得道者勿亂用。

第九章　陰陽宅風水二十問

（一）問現在流行的三合派如何？

答：三合派所講的理論都是以流水從八干四維方進去為吉，與玄命風水較近似，但後人不斷添加內容，現已很難見到它本來面目，用法不明確。

（二）問巒頭派理論是否可以不讀？

答：巒頭派所講的形理，每門風水的形理是一樣的，必須學會，判斷風水時才能觸類變通。

（三）問現流行的玄空風水如何？

答：玄空風水的飛星佈法有幾十種佈法，現流行的玄空風水各有所長，古師曰：「五星一訣非真術，城門一訣最為良，誰認識得城門訣，便是人間一地仙。」現玄空風水理論是自圓其說，城門一訣，即是本門七十二地命法。

（四）問現流行的過路陰陽如何？

答：過路陰陽資料我只看過，並沒用過，只聽過我徒弟，貴州林海與山東李尚儒，講過對其評價較好，但也存在很大的缺點。這一點學了玄命風水自有體悟。

（五）問陽宅見到有路或破山頭、橋等沖射宅時如何化解？

答：如有凶物沖宅，可在被沖方按白虎鏡對着凶物，就可以了。

（六）問人有面相看，牛、馬也有相看，陽宅與陰宅是否也有氣色可看，實際如何判斷？

答：陽宅以大門口的上方觀察其氣色，如有金色黃色的氣色是大吉宅，如有黃白色是吉宅，如有火紅色是將有火災或血光之災發生，有黑色是窮家宅，白色是非、疾病多。陰宅以墓的石碑作判斷，如碑面金黃色後代子孫旺盛；黃白色是發財墓；綠色墓中有水，人口病災多；黑色後代窮，災傷多；帶紅色有火災或血光之災；帶黑斑點有災。如墓不長草，後代絕，墓頂長草，腳下不長草，墓中有水。

（七）問現城市的樓房大多數層到幾十層，如何選法？

答：看整幢樓房的大門在哪個方位，在東方震卦三、八層最好，東南方巽卦四、九層最好，南方離卦四、九層最好，合洛數為好。

（八）問如何開地建宅，應注意什麼？

答：先拜土方之神，告明一切，求人丁兩旺，再把地面上的樹木連根挖去，再把雜物除去，然後建造。

（九）問陰宅開基動土時應如何進行？

答：先拜龍神，告明一切，今因何事開山立墳，再求扶佑子孫後代昌盛。

（十）陽宅財運差調整時，是修改門窗改變地命法，還是擇些子日修改財方，哪樣效果好？

答：古師曰：近年禍福天時應，日久方知地有權，修改命局要較長時間才能應驗，不如擇財些子日來修方效果好，但能同時修改最好。

（十一）問家中夫妻不和和應修兄弟方還是財方？

答：應修改財方，財方有凶破，夫妻爭吵多，口舌是非來，應擇子些子日修改財方。加旺財方的力量，平行兄弟方力量，達到陰陽平衡。

（十二）問陰陽宅可否在財方挖塘來助旺財？

答：不能，地局的氣場是固定的，如有大改變，可能地命局和運場也改變了，會產生相反效果。

（十三）問調解風水是如何斷應期的，例一宅夫妻二人結婚多年無子，到醫院也檢查不出原因，當然用風水來擇子些子日來修改子孫方位，但調整過後什麼時候得子？

答：調解風術斷應期是較高層次的斷法，要有很高的六爻水平才能斷準，在面授時再詳講。

（十四）羅庚一百二十分金是如何用？

答：羅庚的一百二十分金，差不多每個門派用法都不同，各有所長，本門分金法可操縱房分，在面授時再詳講。

（十五）每年太歲值方是看羅庚二十四山的十二地支來取物應再與運卦變爻推斷，是這樣的嗎？

答：不是，是看羅庚十二地支值方的物應與運卦推斷，本門羅庚用第六層的，如你用的羅庚沒此層，可自己加上去。

（十六）問初學風水時，陽宅的運卦是以門口方位來配卦，但陰宅是用水口的方位來定運卦。水流去的方位是水口方，但這個方位不易定，應如何處理？

答：陽宅是指獨立的住宅是用門口的方位來配卦，但像村莊等群體建築就要用水口的方位來定的，陰宅如初學者可先取一個方位來配卦看與事實是否相符，如不相符可換一個方位來斷，這樣對初學者來講會更好。

（十七）問運卦中如有兩個妻爻一個在陰爻另一個在陽爻，可否斷此家中男主人會有小老婆，或運卦中是陰爻持世是否斷家中女子當權？

答：這些都在於自己的變通來推斷，如在經濟發達的地方遇上是運卦是兩重妻爻，財位又相當好，這人很可能有小老婆或情婦，如運卦中是陰爻持世與坤、兌、巽、離。這幾個方位比其它的方位好，可斷女比男強。

（十八）問風水中的橫財是如何判斷？

答：運卦是六沖卦，財爻強旺，財方特別好，可得橫財，運卦中陰爻為財爻比陽女財爻旺也可得偏財。

（十九）問玄命風水可否與金鎖玉關合起來用？

答：本人未試用過，可自己配合變通使用，如能靈活變通定會如虎添翼，不然會弄巧成拙。

（二十）問：常言道，下流先生背着羅庚滿山跑，中流先生看水口，上流先生看星斗，如何理解？

答：有的風水門派口訣過多如八煞龍、七十二穿山虎等口訣較為混雜，一條看一遍，不滿山跑才怪。風水口訣有一定層次，只看重點就行了，此為中層之法。星斗是玄空斗密之法是配合水流變化作推斷，順排父母到子息代代發，逆排子息到父母代代敗，順排父母到子息代代敗，逆排子息到父母代代發，在於顛倒之變。這要到高級班面授親傳。

附錄（一）

前面廖老師的教材已十分詳盡完備，為幫助初學者更好地理解玄命風水，于天貴會長又讓我補充點風水基礎知識，由於時間倉促，今從地理典籍中摘錄數則，供大家參考。

一、河圖與洛書

《易經》云：「河出圖，洛出書，聖人則之」。《易經》以神話的方式說明河圖與洛書的出現，河圖現於包犧氏時代，山龍馬背負出黃河而得，洛書出於大禹治水時代，有神龜出洛書而成，《宅運新案》：「水害漸除，大陸聿顯，人心歡慶，天心順應，洛河之中，神龜顯瑞，龜背有文，中五立極，中有五點黃色，戴九履一近頸處有九點紫色，近尾處有一點白色，左三右七，三點碧色，七點赤色，二四為肩，左上有四點綠色，右上有兩點黑色，六八為足，左下有八點白色，右下有六點白色。」大禹因之而作九州。

河圖所反映的是以地球為中心的宇宙空間結構，河圖的圖形是平面的，有四面之分，但無上下之別，但五陰十陰為地，即為下，其上自然為天。

一陽六陰位於宇宙之北

二陰七陽位於宇宙之南

三陽八陰位於宇宙之東

四陰九陽位於宇宙之西

五陰十陰位於宇宙之中心，即地球，坤為地，乾為天，上乾下坤，所以《易經》講「天地定位，易與天地準」萬物就以此天地準則發生變化。

《易》云：「天一地二，天三地四，天五地六，天七地八，天九地十，天數五，地數五，五位相得而各有合。」

天一合地五，生成六，一六居北，屬水

天三合地五，生成八，三八居東，屬木

地二合地五，生成七，二七居南，屬火

地四合地五，生成九，四九居西，屬金

河圖一三七九為陽數，其中一三為生數，九七為成數

一在正北，則九在正南，一九合十

三在正東，則七在正西，三七合十
六在正北之右，則四在正南之右，六四合十
八在正東之右，則二在正西之右，八二合十
這樣八個數方位確定下來如圖，此即洛書之圖
洛書是由河圖演化而來的，

戴九履一
左三右七
二四為肩
六八為足
五居中宮
經歷二千年之久，河圖是宇宙結構的縮影，洛書則是當地的縮影。

四	九	二
三	五	七
八	一	六

河圖

「戴九履一」：「戴九」即九為頭部，故九（離卦）中吉凶，往往有反映到頭部（亦即為何先天乾卦代表頭），「六八」為足等亦同此理。亦為人體一個縮影，當然，我們風水研究的陰陽二宅也可將其縮到此圖中進行推斷。長生祿位選擇亦可將供奉骨灰的牆壁縮影到此圖中去推斷，圖影中八方代表多種含義。

一、代表坎卦，坎宮，正北方，貪狼星，水氣，五行為水，中男，坎之物象，通常稱為一白水星。

二、代表坤卦，坤宮，西南方，一二運為巨門星，其餘為病符星，土氣、五行為土，老母，坤之物象，通常稱二黑土星。

三、代表震卦，正東方，祿存星，木氣，五行為木，長男，震之物象，通常稱為三碧木星。

四、代表巽卦，東南方，文曲星，木氣，五行為木，長女，巽之物象，通常稱為四綠木星。

五、代表天心戊己，無定卦，又稱中宮，中心方位，廉貞星，土氣，五行為土，皇極（不定六親），通常稱五黃土星。

六、代表乾卦，西北方，武曲星，金氣，五行為金，老公，乾之物象，通常稱六白金星。

七、代表兌卦，兌宮，正西方，破軍星，金氣，五行為金，少女，兌之物象，通常稱為七赤金星。

八、代表艮卦，艮宮，東北方，左輔星，土氣，五行為土，少男，艮之物象，通常稱為八白土星。

九、代表離卦，離宮，正南方，右弼星，火氣，五行為火，中女，離之物象，通常稱為九紫火星。

二、九星與三元九運

《宅運新案》：天文學家籍多種儀器之助，及天算推步之功，測定太空中一切行星之狀況（發現九大行星繞日而行），日球為太空中一大行星之樞紐，地球為繞日而旋之第三行星，舉世天文家久已奉之為常經，無敢有異議。光學家以三棱玻璃在一色日光中分析出七色，並製有回輪式之七色版為佐證。當七色版未撥動時，紫、白、碧、黑、綠、黃、赤固儼然各具一特殊之色彩也，迨一經撥動，急急回旋之際，七色消融，入於天色境界，而是一純白之色相，名曰「光源」，此光學之本來面目亦即易學家之無極本相。佛學中之「寂光淨土」，心學家之「一念未生」狀態也，莫謂方寸心田，佔地甚小，須知卷之則藏細入微，放之則彌綸六合，一靜則先天氣象，自性淨土，立現眼前，一動則牛鬼蛇神，七色七彩，擾亂世界，外九星固可云從日邊來，內九星亦可云從心地出也。地球因土、水、火、風四大假合而結幻體，因貪嗔癡愛，妄情未斷而有幻動，幻動不已，生滅滅生，新陳代謝，而有過現未來恆河沙數微塵世界，忽而出現，忽而遷謝，而全以七色九星為生死大海之最大原力，地球之幻體一日不消隕，妄情一日不斷除，繞日之行動一日無休歇，七色九星之使命一日無終止，洛書大數流行之氣，自地球繞日而行，恆古不息中來，並非東方現哲憑空揑造。

以上說明，風水九星乃處於太陽系九大行星的運行，九星分七色，是因光源是由七色光組成，那麼三元九運亦是太陽系星球運轉的產物，人類的時間是由星球運行而產生，這是常識。地球自轉一周是一日（日升日落乃是地球自轉的結果），月球繞地公轉一周是一月，地球繞太陽公轉一周是一年，太陽系最大的星球——木星，每十二年繞太陽太陽公轉一周，木星每年所轉到的方向就是太歲方。木星被稱為「歲星」，因為木星的能量對地球有很大的影響，如果「太歲頭上動土」，就是凶禍難測。我們用十二生肖配十二年，就是十二年一個周期，而不是十三年或十年，這是以木星的公轉周期而確定，是源於古人對宇宙天體運行的深刻而科學的認識，古人十二生肖的制定法則，恐怕今人未必能全部了解其中的奧妙與玄機。

體積次於木星的是土星，土星繞太陽公轉一周是三十年，每二十年木星和土星相會一次，這兩大行星的會合對地球的影響是巨大而深遠的，先賢洞悉一天機，便以木土兩星二十年會合一次為一運，以九大行星配九運，並且以木星公轉二十年和土星公轉三十年最小公倍數六十年為一個甲子，也就是一個元（三星聚會為六十年，九星聯珠一百八十年，配洛書九宮各管二十年成三元九運），元運、年、月、日、時、刻都是「斗轉星移」——星球運行的結果，並不是什麼「單單的數字游戲」。

九星運行的軌跡

由洛書所顯示的數與八卦所在的方位統一而成的圖稱為九宮圖，又稱為八卦元日盤。

紫白九星元旦盤

四	九	二
三	五	七
八	一	六

元旦盤

紫白九星並不是靜態的，而是動態的，它在不同的時間流逝中按一定的軌跡飛行，這些軌跡稱為「飛行軌跡」或叫「洛書軌跡」。九星的飛行山中心開始，中心數是「五」即由五開始飛行，五→六→七→八→九→一→二→三→四→五換言之次序是中宮→乾→兌→艮→離→坎→坤→震→巽→中宮。與順飛次序相反則為逆飛，五→四→三→二→一→九→八→七→六。九個星各飛九步合八十一步，即順飛八十一步，逆飛亦是八十一步，堪輿家稱此步伐為「八十一步量天尺」，又稱為「罡步」，風水學家非常重視這「量天尺」，認為它是無形之氣，不可以目視，不可以手捫，但有時節可按有路線可循，有定數可稽，有成敗生滅，喜慰驚悲，千變萬化之事實為證。它成為東方歷劫常新、不可思議、不可磨滅之科學，評價十分之高。

紫白九星按照特定的軌跡飛行，每飛一步，要有一星進入地盤的中心，地盤的中心稱為「月窟」，進入地盤中心的星稱為「天根」，「月窟」與「天根」又合稱為「天心」，通常經過九星運行所形成的星盤，其中心位置就是「天心」。

星盤以天心為準繩，把其餘八星分別佈置於震、巽、離、坤、兌、乾、坎、艮八個方位，不管哪一個進入月窟，產生天心後，其餘八星必定按量天尺所規定的軌跡進入特定的方位，形成特定的星盤，下面就把九星按次序進入月窟所形成的順飛星盤，展現出來：

9	7	5
8	1	3
4	6	2

一白水星入中

1	6	8
9	2	4
5	7	3

二黑土星入中

2	7	9
1	3	5
6	8	4

三碧土星入中

3	8	1
2	4	6
7	9	5

四綠木星入中

4	9	2
3	5	7
8	1	6

五黃土星入中

5	1	3
4	6	8
9	2	7

六白金星入中

6	2	4
5	7	9
1	3	8

七赤金星入中

7	3	5
6	8	1
2	4	9

八白土星入中

8	4	6
7	9	2
3	5	1

九紫火星入中

九星運行的時間劃分

洛書九宮飛星，加入時間的因素就具有應用的價值，這個時間的因素，就是「三元九運」。

相傳在公元前二六九七年，黃帝命大橈以干支紀年，定此年為「黃帝元年」，甲子為始元，往後每六十年為一甲子周期，俗稱六十花甲子，一花甲子定為一元，三個花甲定為三元，三元分上元、中元、下元，合一百八十年，由黃帝開始至今（一九八三年止）共有七十八個花甲。每一個花甲為一大運，至今已經歷了七十八個大運。

所謂大運，就是洛書九星每六十年行一步。從黃帝元的開始行第一步，即六白金行飛入中宮。至今已行了七十八步。第七十八步就是二黑土星飛入中宮。從一九八四年開始，九星運行第七十九步，即三碧木星進入中宮，在這六十年間，就是行三碧木氣大運，由三碧木氣主宰着這六十年。

在每一個元的六十年中，又分為三個小運，每個小運二十年。每二十年就有一個星入中，主宰二十年的小運，比如一九八四至二零零三年為下元七運（七赤金星入中主宰），二零零四至二零二三年為下元八運（八白土星入中主宰），二零二四至二零四三年為下元九運（九紫火星入中主宰）。下面把最近期上、中、下各運的年限列表供讀者參考。

自一九八四年開始行下元三碧大運，七赤小運

三元九運最近期各運年限表

上元	一運 （一入中）	明弘治十七年至 嘉靖二年	康熙二十三年至 康熙四十二年	同治三年至 光緒九年
	二運 （二入中）	嘉靖三年至 嘉靖二十二年	康熙年四十三至 雍正元年	光緒十年至 光緒二十九年
	三運 （三入中）	嘉靖二十三年至 嘉靖四十二年	雍正二年至 乾隆八年	光緒三十年 至公元 1923 年
中元	四運 （四入中）	嘉靖四十三年至 萬曆十一年	乾隆九年至 乾隆二十八年	公元 1924 年至 公元 1943 年
	五運 （五入中）	萬曆十二年至 萬曆三十一年	乾隆二十九年至 乾隆四十八年	公元 1944 年至 公元 1963 年
	六運 （六入中）	萬曆三十二年至 天啟三年	乾隆四十九年至 嘉慶八年	公元 1964 年至 公元 1983
下元	七運 （七入中）	天啟四年至 崇禎末年	嘉慶九年至 道光三年	公元 1984 年至 公元 2003 年
	八運 （八入中）	清順治元年至 康熙二年	道光四年 至道光二十三年	公元 2004 年至 公 2023 年
	九運 （九入中）	康熙三年至 康熙二十二年	道光二十四年 至同治二年	公元 2024 年至 公元 2043 年

二	七	九
一	三	五
六	八	四

三碧大運

六	二	四
五	七	九
一	三	八

七赤小運

七	三	五
六	八	一
二	四	九

八白小運

兩盤相比較而論

例：中宮、三木被七金所剋，說明三碧大運最初的二十年間（七赤小運）東方的興起受到西方的剋制，但東方的興起是必然的，西方的剋制是暫時的，到八運時（二零零四年至二零二三年），這種剋制自然會消除。因為八運時，三碧木能剋八白土。

現在為七運，兌為酒，為少女，為娼，為妾，為口，為說，所以下元七運（一九八四至二零零三年），吃喝風盛、娼妓盛行、包二奶成風，演員吃香，陰氣太盛，假貨猖獗，女子活潑能幹，當家的多，我國女運動員的成績好於男運動員。

三、二十四山向

凡居屋必有坐向，所如坐北向南，或坐東向西，屋的前方即為向，屋的後牆即為坐，不管哪一派風水學，都要講坐向，方圓大地，有多少個坐向呢？人們常言四面八方，是指東西南北四正方，加上東北、西北、東南、西南，四隅方，合為八個方向，各四十五度。風水學分的更細，又將每方分成三向各十五度，共有二十四個坐包，俗稱二十四山，如果單講「坐」（風水學稱為坐山或山）就有二十四坐，如果單講「向」就有二十四向，合稱二十四山向，一周共三百六十度，每一山佔十五度。

東方：震卦　甲卯乙

東南：巽卦　辰巽巳

南方：離卦　丙午丁

西南：坤卦　未坤申

西方：兌卦　庚酉辛

西北：乾卦　戌乾亥

北方：坎卦　壬子癸
東北：艮卦　丑艮寅

二十四山向包括了十二地支，八個天干，四個四維
地支：子、丑、寅、卯、辰、巳、午、未、申、酉、戌、亥
天干：甲、乙、丙、丁、庚、辛、壬、癸（戊與己在中央，不在山向之內）
四維：乾、巽、艮、坤
二十四山向，除了表示方位之外，還包括了五行、干支、會合、刑沖、月份、卦理

四、風水命卦

二零零零年前運算公式：

男命程序：（100減出生年份之最後兩位數）除以九，所得餘數就是風水命卦

例某男，一九二一年出生（100-21）除以九，餘數是七，風水命就是七赤命，兌卦命

女命程序：（出生年份之最後兩位數減四）除以九，所得的餘數就是風水命卦

例某女：出生年份一九四五年（45-4）除以九，餘數是五，風水命為五，作艮命算。

二零零零年以後的運算公式：

男命（99減出生年月份公元末兩位數）除以九

女命（出生年公元末二位數減3）除以九

五黃命時，男坐坤命算，女作艮命算。

附男女命卦表：

男女卦命

	甲子 癸酉 壬午 辛卯 庚子 己酉 戊午	乙丑 甲戌 癸未 壬辰 辛丑 庚戌 己未	丙寅 乙亥 甲申 癸巳 壬寅 辛亥 庚申	丁卯 丙子 乙酉 甲午 癸卯 壬子 辛酉	戊辰 丁丑 丙戌 乙未 甲辰 癸丑 壬戌	己巳 戊寅 丁亥 丙申 乙巳 甲寅 癸亥	庚午 己卯 戊子 丁酉 丙午 乙卯	辛未 庚辰 己丑 戊戌 丁未 丙辰	壬申 辛巳 庚寅 己亥 戊申 丁巳	
1984-1923 上元	1	9	8	7	6	5	4	3	2	男
	5	6	7	8	9	1	2	3	4	女
1924-1983 中元	4	3	2	1	9	8	7	6	5	男
	2	3	4	5	6	7	8	9	1	女
1984-2043 下元	7	6	5	4	3	2	1	9	8	男
	8	9	1	2	3	4	5	6	7	女

命卦位次乾、坤、震、坎、離、艮、兌。

男女婚配時，最好男命的宮位高於女命的宮位，乾命的女子，性格強，爭強好勝，好當司令，婚姻容易不順，因其宮位最高。

兌命人沒有官相，因其宮位最低。

八宅派風水中，分東四命與西四命，婚配最好東四命配東四命，西四命配西四命。

東四命為：震巽坎離；

西四命為：乾坤艮兌；可供參考。

我們學風水，不僅要掌握好理氣的高層次理論，巒頭形勢也不應忽視。巒頭形勢是學習風水的基礎，基礎一定要打好，有一些巒頭形勢對風水的影響是獨立的，它有着獨立和獨特的效應，這是不可不知道的，現介紹一些巒頭形勢及風水學的一些基礎知識。

《宅經》云：宅有五虛，令人貧耗，五實令人富貴。宅大人少一虛；宅門大內小，二虛；牆院不完，三虛；井灶不處，四虛；宅地多屋少庭院廣，五虛。宅小人多，一實；宅大門小，二實；牆院完全，三實；宅小六畜多，四實；宅水溝東南流，五實。又云：宅乃漸昌，勿棄宮堂，不衰莫移，故為受殃，舍居就廣，未必有歡，計口半造，必得壽考（宅不宜廣，不可浪費土地）。又云：其田雖良，薅鋤乃芳，其宅雖善，修移乃昌。墓凶宅吉，子孫官祿，墓吉宅凶，子孫衣食不足，墓宅俱吉，子孫榮華，墓宅俱凶，子孫移鄉絕種，仙靈譴責，地禍常並，七世亡魂，悲憂受苦，子孫不立，零落他鄉，流轉如蓬，客死河岸。《青烏子》云，其宅得墓，二神漸護，子孫祿位乃固，得地得墓，龍驤虎步，物業滋川，財集倉庫，子孫忠孝，天神佑助。

子夏云：得地得宮，刺史王公，朱衣紫綬，世貴名雄，得地失宮，有始無終，先人受苦，子孫當凶，失地得宮，子孫不窮，雖無基業，衣食過充，失地失言，絕嗣無踪，行求衣食，客死篙蓬。又云：人因宅而立，宅因人得存，人宅相扶，感通天地，故不可獨信命也。

《搜神記》云：異性之木，接續而生，根苗雖殊，異味相雜，形礙之物，尚隨變通，陰陽虛無，豈為常定。是知宅非宅氣，由移來以變之。宅以形勢為身體，以泉水為血脈，以土地皮肉，以草木為毛髮，以舍屋為衣服，以門戶為冠帶，若得如斯，是事儼然，乃為上吉。

《三元經》云：地善即苗茂，宅吉即人榮，又云：人之福者，喻如美貌之人。宅之吉者，如醜陋之子得好衣裳，神彩尤添一半，若命薄宅惡，即如醜人更又衣弊，如何堪也，故人之居宅，大須慎擇。

孔子云：卜其宅兆而安厝之，則神靈安而子孫盛。

蔡季通：生死殊途，情氣相感，自然默與之通。今尋暴骨，以生人刺血滴之，而滲入，則為親骨肉，不滲則非。氣類相感有如此者，或謂抱養既成，元非遺體。憎道嗣續，亦異所生，其何能之有？而不知人之心通乎氣，心為氣之主，情通則氣亦通，義絕則應亦絕，故後母能蔭前母子，前母亦發後母兒。

「非葬骨也，乃葬人之心也。非山川之零，亦人心自靈耳，世有往往以遺骨棄諸水火而無禍福者，蓋心與之離故也」「銅山西崩，洛鍾東應」。漢未央宮一日無故鍾自鳴，東方朔曰：「必主銅山崩應，未幾西蜀果銅山崩。」以日揆之，正未央鍾鳴之日也，帝問朔何以知之，對曰：「銅出於山，氣相感應，尤人受體於父母也」。帝嘆曰：物尚爾，況於人乎！昔曾子養母至孝，子出，母欲其歸，則齒指，而曾子心痛。人凡父母不安而身離待側，則亦心痛，特常人心薄而不自覺耳，故知山崩鍾應，亦其理也。氣乘風則散，界水則止，古人聚之使不散，行之使有止。故謂之風水，風水之法，得水為上，藏風次之。

夫土者氣之體，有土斯有氣，氣者水之母，有氣斯有水。

地有吉氣，土隨而起，支有止氣，水隨而比，勢順形動，回復始終，法葬其中，永吉無凶。

山之不可葬者五：氣以生和，而童山不可葬。土色光潤，草木茂盛，為地之美。今童山粗頸，土脈枯槁，無發生沖和之氣，故不可葬，卻又有一等石山、文理溫潤，光如卵殼，草木不可立根，自然不產，開井而得五色土穴者，是又不可以童而棄之也。

氣因形來，而斷山不可葬也。

夫土者氣之體，有土斯有氣，山既鑿斷，則生氣隔絕，不相接續，故不可葬。《精華秘髓》云：「一息不來身是殼」，亦是此意，然與自然脫斷者則又不相侔矣。

氣因土行，而石山不可葬也。

高壟之地，何莫非石，所謂山勢原骨，骨即石也，石山行度，有何不可，惟融結之處，不宜有石耳，夫石之當忌者，焦硬而頑，麻燥而蘇，或不受鋤掘，火焰飛揚，肅煞之氣，含煙帶墨，為凶也，其餘縱使有石，但能體質脆嫩，文理溫潤，顏色鮮明，則無不吉矣。又有奇形怪穴隱於石間者，四畔皆石，於其中有土穴，取去土盡，始可容棺，又有頑石鑿開而下有土穴，皆可入選，是未可以石為嫌也。

氣以勢止，而過山不可葬也。

此言橫龍滔滔竟去，挽之不住，兩邊略有垂下，不過撓掉而已，氣因勢而止，穴因形而結，過山無情，其勢未止，其形未住，故不可葬，卻又有一等橫龍滴落，正龍腰落及夫斬關為穴者，不同也。

氣以龍會，而獨山不可葬也。

支龍行度，兄弟同完，雌雄並出。及其止也，城郭完密，眾山翕集，方成吉穴，彼單山獨龍，孤露無情，故不可葬，卻又有一等支龍，不生手足，一起一伏，金水行度，跌落平洋，兩邊借外衛送為養蔭，及其止也，雌雄交度，大江拱朝或橫欄，外陽遠接，在乎縹緲之間，縱有陰砂，僅高一步，此又不可以孤露而棄之也，何以言對，蓋得水為上，藏風次之，所以為貴也。

經曰：童、斷、石、過、獨，生新凶而消已福。

此復證五凶之不可用也，凡此是無所用，適足以腐骨爛棺而已，主退敗，少亡，癆疾，久則歸於歇滅，可不慎哉。

夫重岡疊阜，群壟眾支，當擇其特，大則特小，小澤特大，參形雜勢，主客同情，所不葬也。

夫支欲伏於地中，壟欲峙於地上，支壟之止，平夷如掌，故支葬其顛，壟葬其麓。

天光下臨，地德上載。

天有一星，地有一穴，在天成象，在地成形，葬得其所，則天星乖光下照，地德柔順而上載也。

陰陽沖和，五土四備。

物無陰陽，違天背原，孤陽不生，獨陰不成，二五感化，乃能沖和。沖和之處，則必有五色異土以應之，言四備者，不取於黑，又曰沖和之處，陰氣寒，至此而溫，陽氣熱，至此而涼，濕涼之氣，是為沖和。

目力之巧，工力之具，趨全避闕，增高益下，微妙在智，觸類而長。玄通陰陽，功奪造化。

夫土欲細而堅，潤而不澤，裁肪切玉，備具五色，夫干聚粟，濕如圭肉，水泉砂礫，皆為凶宅。

夫葬以左為青龍，右為白虎，前為朱雀，後為玄武。

玄武垂頭

垂頭言自主峰漸漸而下，如欲受人之葬也，受穴之處，澆水不流，置坐可安，始合垂頭格也，若注水即傾，立足不住，即為陡瀉之地。《精華髓》云：「人眠山上龍方住，水注堂心穴自安」，亦其義也。

朱雀翔舞

前山聳拔端特，活動秀麗，朝揖而有情也。

青龍蜿蜒

左山活軟寬淨，展掌而情意婉順也，若反抗倔強，突兀僵硬，則非所謂蜿蜒矣。

白虎馴俯

馴善也，如人家畜犬，馴化而不致有噬主之患也，俯者低頭俯伏之意，言柔順而無蹲踞之凶也，《明堂經》云：龍蟠臥而不驚，是為吉形，虎怒蹲視，昂頭不平，禍機中藏。又曰：白虎彎彎，光淨土横如臥角，圓如鈴環，虎具此形，乃得其真，半低半昂，頭高尾藏，有缺有陷，折腰斷梁，虎有此形，凶禍災殃，形勢反此，法當破死，故虎蹲謂之銜屍，龍踞謂之嫉生，玄武不垂者拒屍，朱雀不舞者騰去。

蓋穴有三吉，葬，有六凶

天光下臨，地德上載，藏神合朔，神迎鬼避，一吉也。

神：德坤，鬼：以煞，朔：謂歲、月、口、時。

陰陽沖和，五土四備，二吉也。

目力之巧，工力之具，趨全避缺，增高益下，三吉也。

陰陽差錯為一凶，歲時之乖為二凶。

力小圖大為三凶。

生人福力淺薄，而欲圖王侯之地，是不量力度德也，然此亦不可見。

憑福恃勢為四凶

憑見在之福，恃當今之勢，富貴之家，自謂常如今日，而不深慮有父母之喪者，不思盡力以求穩之地，但苟焉窀變而已。正程子謂欲掩其目之不見，反以陰陽之理為無足憑，可勝道哉。《魏志》管輅遇征東將軍毌丘儉之墓嘆曰：「林木雖茂，無形可久，碑誄雖美，無後可守，玄武藏頭，蒼龍無足，自虎銜尸，朱雀悲哭，四危以備，法當滅族。」後果如其言。又《春秋左氏傳》魯文公十三年，邾文公卜遷於繹。史曰：「利於民而不利於君」。公曰：「苟利於民，孤之利也。」左右曰：「命可長也，君何弗為？」公曰：「命在養民，民苟利矣，遷也吉莫如之！」遂遷。五月，公果卒，然固有數焉，陰陽之理，亦有所符矣。

僭上言下為五凶

僭上言庶人墳墓不得如大官制度，貧家行喪，不得效富室眩耀，及不得作無益華靡，亡者無益，存者招禍，逼下為儉不中禮，鏗當鄙澀，父母墳墓不肯即時盡作用之法，因循苟且，致生凶變作用者，謂如作明堂，通水道，及夫截龐去滯，增高益下，障水蔽風之類，皆是也。

變應怪見為六凶

上言天時人事不能全美，或有吉地吉穴，主人濡滯不葬，或是非爭競而害成，或貧病兼憂而不能舉，或明師老死不復再來，或停喪久遠而兵火不測，或子孫參差而人事不齊，或官事牢獄而不復可為，或日怠日忘竟成棄置，或全家絕滅，同歸暴露。是皆因葬不即舉而變見多端也，嗚呼，為人者可不凜凜然，而上從戒謹乎哉。

經曰：穴吉葬凶，與棄屍同。

風水專以生氣為主，即太極為主體也，其次分為枝壠，即陰陽為之用也，又其次曰風水，曰止聚，曰形勢，曰骨脈；又其次則驗文理之秀異，明作用之利宜，學者當熟讀玩味，則知景純之心法矣。

葬者乘生氣也

生氣即一元運行之氣，在天則周流六虛，在地則化生萬物，天無此則氣無以資，地無此則形無以載，故磅礴乎大化，貫通乎品匯，無處無之，而無時不運也，陶侃曰：「先天地而長存，後天地而固有」。蓋亦指此云耳，且夫生氣藏於地中，人不可見，惟循地之理以求之，然後能知其所在，葬者能知其所在，使枯骨得以乘之，則地理之能事畢矣。

《疑龍經》（楊筠松著）

一問抱養及僧道嗣續疑龍如何？

問君葬者乘生氣，骨骸受福蔭遺體，此說尚有一可疑，抱養之兒非己子，僧道嗣續是外來，如何卻也能承續，與君詳論古人言，舉此大略非徒然。骨骸受氣蔭遺體，此理昭然不容議，卻將憎道並抱養，辨論如何同己子。此說誠然是可疑，因宜窮理細尋推，人家生出英豪子，便是山川鍾秀氣，山川靈氣降為神，神隨之者家生人。此山此穴誰為主，即隨香火降人身，古人事當有招魂葬，招魂天人可為樣，招魂葬了祀事嚴，四百年間漢家旺，何拘骸骨葬親生，只要祀事香火明，亦有四五百年祖，棺椁骸骨化為土，子孫千百尚榮華，人指此山誰是主，此山此穴有主者，神靈只向此家主，山川秀麗來為嗣，豈願家無富貴，山川日夜有朝迎，生出為人亦如是，乃知抱着與親生，同受生靈無以異，古人接花接果義，與此相參非與是，後母卻蔭前母兄，前母亦蔭後母兒，只緣受恩與受養，如同所生並同氣，以此言之在繼承，只與香火無衰替。乃知招魂與抱子，憎道相承皆類此。

二君公位疑龍如何？

問公如何分公位？父母生時無少異，間或生時有愛憎，死後何山別榮悴。譬如一木同根生，一枝一枯悴一枝榮，榮者芳濃日夜長，悴者日就枯槁形，此後遂有公位議，分長分中分少位，愛憎之說起於心，榮枯之說歸於地，心有愛憎死卻無，地有肥磽此迈似，東根肥即東枝榮，西枝磽云西枝瘁，要知此說未為當，似是如非當究埋，左長前中右少位，北說當初自誰起，請君來此細排詳，因別長男中少位，震為長子居左方，坎為中男坐來風，艮為少男坐東北，乾統三男居坎傍，坤為地母西南位，長女東南中午地，兌為少女在西方，此是乾坤男女位，若以此法論陰陽，男居左傍女西厢，中子後龍中女向，自有次第堪推詳，愛自蕭梁爭公位（南北朝時的梁朝），卻以玉鵜埋震地，震為長子起春官，遂起爭端謀玉器，公位之說起於斯，斷以長震中房離，少居兌位四同長，五與二位分毫厘，六與少男無差別，七與長男共同說，八與五位共消詳，九與三男排優劣，此河圖分九宮，上元一四七相同，中元二五八同位，下元三六九連此，後來執此為定議，只就河圖分次弟。

三問公位盛衰疑龍如何？

問君公位雖能別，或盛或衰是何說，也有先盛後來衰，也有衰盡復萌蘖，此理如何合辨明，時師謬以水宮折，不知年久世成深，豈有長盛無休歇，山川之秀雖盤固，氣盛氣衰有時節，代代長盛者無他。後來接繼得吉多，衰者後來無救助，年深氣歇漸消磨，凡言公位勿固執，先看其人數代祖，新舊數墳皆是真。新者必為舊者助，如是之家世世昌，福祿未艾不可量，是真不必問大小，積小成大最為妙，是者一墳非者多，雖有大地力分了。譬如杯水救薪火，水少火多難救禍；是多非反成吉，譬如眾人成江何，豈無一穴分公位，不取從墳參合議，大地難得小易求，積累不已成山丘，眾墳合力卻成大，（這就是講眾葬出公侯），人說小地生公侯，那堪大地有數穴，世世公侯不休歇，凡觀巨室著姓家，必有大地福無涯，子孫百世雖分散，內有救地多榮華，一穴大地蔭十世，小地千墳亦如是，騏驥千里迸一日，駑馬十駕亦追至，圖大不得且思次，此事當為知者議（這是講葬公墓的好處，眾墳合力到成大）。

四問陽宅陰宅疑龍如何？

問君陽宅要安居，此與安墳事一如，人家無墳有善宅，宅與陰地力無殊，大凡陽宅怕穴小，穴小只宜安墳妙，小穴若為輪奐居，氣脈傷殘具鑿了，況是子孫必眾多，漸次分別少比和，一穴裂而為四五，正偏前後豈無訛，大凡陽宅要穴大，寬闊連綿又平伏，前頭橫玉面前寬，可為市井於內外，如此方為陽宅居，窄小難容君莫愛。

五問陽宅陰地大小如何？

問君陰陽兩宅，古人此事要分別，呂刁詳論有成書，論已分明無別語，要知居止只要勢，水抱山朝必有氣，忽然陡瀉朝對傾，破碎斜傾非吉地，下手回環朝揖正，坐主端嚴無返柄，縱饒小大也安和，住得百年家業盛，葬穴宜小居穴大，葬穴側卞居穴寬。

六問主剋山疑龍如何？

問君主客皆端正，兩岩尖圓兩相映，主是三山品字安，客亦三山形一般，客山上見主山最好，主山上見客同端，此處如何辨賓主，只將水抱便為真，水城反背處為客，多少時師誤殺人，凡觀疑穴看堂局，堂局真處抱身曲，忽然平過卻如何，即以從纏分部屬，縫送護托辨假真，朝山無從托龍身，朝山直來身少曲，真龍屈曲不朝人。

九問穴有花假疑龍如何？

問君前論穴難尋，唯有朝山識幸心，高低既以朝定，真穴自可高低計，只緣前後有花假，假穴在後亦堪下，花穴多生連案前，朝山對峙亦如然，荐將前相為證驗，前後花假便不偏，到此令人心目亂，更有一說與人宣，假穴斷然生在後，龍虎雖端涯必溜，穴中看見龍虎回，外面點檢山醜走，花穴如何生在前，蓋緣連臂使其然，連臂為案橫生穴，案外有腳鋪茵毡，其間出無似穴者，但見外朝尖與圓，癡師誤認此花穴，不知真穴秘中垣，前花後假人少識，此法元來秘仙籍，景純雖然不著書，今日明言不容惜，花穴最是使人迷，後龍斷妙朝又奇，如何使人不牢愛，只有一破餘皆非，案山必然向裡是，花穴無容有回勢，朝山只有頂尖圓，定有腳手醜形隨，若登正穴試一看，呼吸四周無不至（此是講，玄關通竅，生氣由玄關處與穴相通，猶人之有鼻孔呼吸，才有生命的生機，若無鼻孔通氣或阻塞不通，則人必死。故真穴必玄關通竅，假穴則是玄關不通，一團死氣。即「玄關一通滿盤通，玄關若閉處處死」之意也），又有花穴無人知，龍虎外抱左右飛。

《葬法倒杖》

認太極

穴場金魚水界圓暈，在隱微之間有為太極，上是微茫水分，下是微茫水合，合處為小明堂，容人側臥，便是穴場，有此圓暈則生氣內聚故為真穴，立標枕對，於此而定，無此者非也，若暈頂再見一二半暈，如初三夜月樣者，名曰天輪影，有三輪者大地。

分兩儀

暈間凹陷者為陰穴，凸起者為陽穴，是謂兩儀，就身作穴者為陰龍，宜陽穴；另起星峰作穴者為陽龍，宜陰穴，皆有饒減，或上截凸起，下截凹陷，或下截凸起，上截凹陷，或左右凹凸相兼者，為二氣相感，則取陰陽交媾之中，升降聚會之所，不用饒減。

求四象

四象者，脈，息，窟，突也，脈是暈間微有脊，乃少陰之象：，息是暈間微有形，乃少陽之象：，窟是暈間微有窩，乃太陽之象：，突是暈間微有泡，乃太陽之象。四象作居，葬有四法，脈穴當取中定基，息穴當剖開定基，窟穴當培高定基，突穴當鑿平定基。

《青囊序》曾文辿

朱雀發源生旺氣，一一講說開愚蒙，一生二兮二生三，三生萬物是玄關（此是講玄關為生氣起點，立穴首重玄關進氣），山管山兮水管水，此是陰陽不待言（此是講陽卦用陰「水」調和，陰卦用陽「山」調合）識得陰陽玄妙理知其衰旺生與死，不問坐山與來水，但逢死氣皆無取（玄關通竅，得生人入穴之意也，玄關不通，無生氣入穴，則為死氣，故「無取」也）。

《青囊奧語》楊筠松著

雌與雄，交會合元空，雄與雌，元空卦內推，山與水須要明此理，水與山禍福盡相關，明元空，只在五行中，知此法不須尋納甲，顛顛倒，二十四山有珠寶，逆順行，二十四山有火坑（注：元空，即玄關之意，元空卦，即玄命風水地運卦，尋納甲，即玄空飛星法，意思是講掌握了玄關地命法，不須再去研究玄空飛星法，「顛顛倒二十四有珠寶，逆順行二十四山有火坑」，此即是玄命風水最高境界玄空斗密之法，配合水流變化作風水推斷（水與山，禍福盡相關），如順排父母到子息代代發（即二十四山有珠寶），如逆排子息到父母代代敗（即二十四山有火坑），如順排子息到父母代代敗，逆排子息到父母代代發，在於顛倒之變。諺云：下流先生背着羅庚滿山跑，中流先生看水口，上流先生看星斗。此看星斗之法，（即玄空斗密之法）。向放水，生旺有吉休囚否，二十四山分五方（此五方為父母方，兄弟方，官鬼方，財方，子孫方），知得榮枯死於生，翻天倒地對不同，其中秘密在元空，認龍立穴要分明，在人仔細辨天心，天星既辨穴何難，但把向中放水看，從外生入名為進，定知財寶積成山，從內生出名為退，家內錢財皆廢盡，生入剋入名為旺，子孫高官盡富貴。

關天關地定雌雄，富貴此中逢，翻天倒地對不同，秘密在元空。

蓋水法當以雙山連珠為的，其法元神不滯，位位有長生，山山有玄竅，彼此不相假借，其法玄之又玄，必口傳始得真訣，非聰明才辯之士双双可臆度也（此講秘傳口授的玄關訣，為無上真訣也）。

《玄關同竅歌》

知妙道，玄關一訣為至要。
識真情，玄上天機竅上分（竅即水口），漫說天星並納甲，且將左右問原因。
先觀水到向何流，玄關造化此中求。
內外玄關同一竅，綿綿富貴永無休。
一竅通關作大媒，玄關交媾亦堪求。
若是玄關俱不媾，局堪圖畫沒來由。
重重生氣入關中，連逢三五位三公。
轉關一節逢生旺，便知世代出豪雄。
不論陰陰純與雜，猶嫌墓氣暗相攻。
其間造化真玄奧，時師何可不知道。

玄關地命七十二局法，即是楊公城門訣之真傳，此「玄關同竅歌」可能是楊筠松所作，諸書多有摘錄，然古今無一家將「玄關一訣」剖析明白，《地理五訣》、《沈氏玄空學》等均稱自己乃得楊筠松之真傳心法，均錄有《玄關同竅歌》，可是他們是否真懂「玄關訣」，大家學習玄命風水後，一看便知道，諺云：「不怕不識貨，就怕貨比貨」，真假同參，假無遁形。

陰陽二字看零正，坐向須知病，若遇正神正位裝，拔水人零堂，零堂正向須知好，認取來山腦，水上排龍點位裝，積粟萬餘倉，千里來龍問祖宗，支水來去凶。凡水不宜支神來去，俱有凶殺，玄關地命七十二局，玄關基點幾乎全在天干或四維。

乾山乾向水朝乾，乾峰出狀元，卯山卯向卯源水，驟富石崇比，午山午向午來堂，大將鎮邊疆，坤山坤向水坤流，富貴永無休（此都是指玄關通竅而發富貴，午居離卦，離有鎧甲之象，故有發武官之應，古時將帥身着鎧甲）。

《發微論》蔡元定

感應着言乎其天道也，夫天道不言而響應，福善禍淫，皆是物也。諺語：「陰地好，不如心地好」，此善言感應之理也，是故求地者必以積德為本，若其德果厚，天必以吉地應之，是所以福其子孫者心也，而地之吉亦將以符之也，其惡果盈天，必以凶地應之，是所以禍其子孫者，亦本於心也，而地之凶亦將符之也，蓋心者氣之主，氣者德之符，天未嘗有心與人，而人之一心一氣，感應自相符合耳，郭氏云：「吉凶感應，貴福及人，人於先骸固不可不擇其所而安厝之，然不修其本，惟末是圖，則不累祖宗者寡矣，況欲有以福其子孫哉！」

曾文正公論風水

地者，鬼神造化之所秘惜，不輕予人者也，人力所能謀，只能求免水、蟻、凶煞三事，斷不能求富貴利達，明此理，絕此念，然後能平穩之地，不明此理，不絕此念，則並平穩之地亦不可得。

不求好地，但求平安，洪夏之地，余心不甚願，一則嫌其經過之處山嶺太多，一則既經爭訟恐非吉壤（一是講脈長，龍氣弱，一是講外應）。

改葬先人之事，須將求福求貴之念清除淨盡，但求免水、蟻，以妥先靈，免凶煞以安後嗣而已，若存一絲求福求貴之念，則必為造物鬼神之忌，以所見所聞，凡已發之家，未有續尋得大地者。

凡屋高，而天井小者，風難入，日也難入，必須設法袪散濕氣，乃不生病。

山向之說，地理也，祖父有命而子孫從之，天理也，祖父之意已堅，而為子一者乃拂其意，而改卜他處，則祖父一怒，肝氣必鬱，病勢必加，是已大逆天理，雖得吉地，猶將變凶，而況未必吉乎，自今以後，不必再提改葬之說。

或吉或凶，聽天由命，只要事事不違天理，則地理之說可置之不論不議，不貪財、不失信、不自是，有此三者，自然鬼服神欽，到處人皆敬重。

士人讀書，第一要有志，第二要有識，第三要有恆，有志則斷不甘為下流，有識則知學問無盡，不敢以一得自足，有恆則斷無不成之事。

史傳曾文正公一生精通十三門學問（其中風水術、相人術等），皆是橫空出世之超凡造詣，我們學習風水，也是讀書做學問，願我們能記取曾公此語，終身自勉。

雷擊墓敗：昔宋有富賈某人，平生為富不仁，作惡多端，當其父母死後，擇龍脈旺地葬之，希冀保全產業，代代發達，大學問家朱熹往而嘆曰：「此處有地，是無天理，此處無地，是無地理」。後雷擊其墓而敗，由此證明地理非屬重要，天理不可違也，違天理者必損陰騭，損陰騭者比敗亡。

釋迦牟尼佛在《吉祥經》中講：居住適宜處，往昔有德行，置身於正道，是最為吉祥。佛祖首先肯定了風水地理的客觀性和科學性，但有果必有因，好的地理風水是由往昔高尚的德行感化而來的，明白風水地理的根本由來，堅守正道，才是最明智、最吉祥的。《麻衣神相》云：「有心無相，相隨心生，有相無心，相隨心滅。」風水地理亦是可以隨着人的心念而發生轉變的，近代高憎虛云大師，復興曹溪門庭，南華禪寺時，就發了大雨築堤，河流改道的風水奇跡。

《陰陽二宅全書》（節錄淺註）

巒頭為體、理氣為用

蓋巒頭猶人肢體，五官具而成厥形，理氣如有耳目，則有聰明之德，故巒頭理氣缺一不可，若只憑巒頭，不兼理氣事有耳耳不聰，有目目不明，枯槁無用，如木偶然，徒講理氣，不求巒頭欲聰，聰無所寄，欲明明何所施，縱另出奇巧，而憑空結撰豈能有濟哉。

龍說

龍之為物，變化而不可測者也，古人以地脈之行止起伏，名之曰龍非以地脈之行止起伏，為變化而不可測，故取象於此耶，然龍有形者也，地脈無形者也，而無形者有未始不有其形焉，今夫龍之發祖，由幹而枝或結星體，或成巒勢，穿帳巢案，開門立面，古人有龍首，龍額等名，雖未嘗真有龍淤土中，而途中之脈行動周流，無一不與龍相肖也。平洋之地，眾水發源，殆即龍之首歟，兩水相交，殆即龍之尾歟，其分枝而作龍虎者，亦猶神龍之有爪牙歟，其起突吐唇者，亦猶神龍之有口鼻歟，其四面砂水環聚者，亦猶神龍之有風云護從歟，種種相似，故古人以此命名焉。但龍純陽之物也（而地理取象於此），則陰陽兼論者也。龍是地氣屬陰，水從天氣屬陽，是以龍水而分配陰陽也，故龍正水合之處，謂之雌雄交媾。山屬陰喜配陽，洋屬陽，喜配陰，是就山洋各調其陰陽也，故取竅取突之法，謂之雌雄相輔，然山之起脊而來者屬陰，山之平坦而結者屬陽，陽來陰受，陰來陽受，則又有陰陽之分，陰陽之合，洋之高起者為陰，洋之低平者為陽，孤陽則陰，純陰則湊陽，則洋，亦有陰陽之別，陰陽之交矣，而尋龍之法，山與洋有同者，有不同者。其不同者，山看巒形，洋察水勢，山龍之住結，忌被風吹，洋龍之結穴喜於得水，其同者，山取博換轉變乃為脫煞就生，洋取曲折活動乃為生氣融結，至若生成百物之形結就是星辰之體，山與洋亦皆有之，總在明人慧眼，察其性情。

易云：一陰一陽謂之道，為什麼風水師又稱陰陽先生，就是因為風水術士要就是講陰陽配合，雌雄交媾，陽宅中間起脊，即是前後陰陽平衡相配之意，靈堂為前長後短，取象陰靈，陰氣盛於陽氣，陰陽失衡之象，披頭房，前看純陰後看純陽，故易成凶煞（蓬萊某戶，坤上披頭房，竟喪六妻）。《金鎖玉關》風水學講一句話，看風水，一二三四要砂，六七八九要水，砂即是代表陽氣之物，水即是代表陰氣之物。

先天八卦，乾老父，震長男，坎中男，艮少男

後天八卦，離（九紫）艮（八白）坎（七赤）乾（六白）一父三男，為陽卦，故要陰，需要用陰氣調和，對應的後天八卦為離、艮、兌、乾，即六七八九要水，同理先天八卦，坤（老母），巽（長女），離（中女），兌（少女），一母三女為陰卦，故需陽氣調合，即後天卦數為一二三四要砂，《金鎖玉關》實際上就是先天易。

諸水盡從天上去之法，亦是陰陽配合之意，去水口為最低凹之處，居地為陰象，故取以天干位放水，以天為陽，取天地交會之意。

玄空風水之「山上神龍不下水，水裡神龍不上山」之收山出煞，「正神正位裝，撥水入零堂」之正神零神，皆不出陰陽相配之理，誠古人所謂：「雖萬象之紛紜，須一理而融貫」。

鯉魚地

整個山形地勢，狀入鯉魚，且神形兼備，此地風水往往會有特別靈異之事，鯉魚地，最好葬在正身魚腹部位，如果葬在魚尾上，晚上葬，第二天早上棺材就出土，獅子地、鳳凰地、美女地等，皆是「生成百物之形，結就星辰之體」，因而風水上就有特殊的含義。

玉環地

天鳳機械集團總公司董事長兼總經理天鳳（女）曾是紅極一時的大企業家，其出生地麻里沱村只有十幾戶人家，四周山高林密，樹木葱鬱，草盛水豐，一條小溪從東山淌來，圍着麻里沱繞了一個圈，然後又向東流去，構成玉環般的奇特地形，天鳳未出生時，一位風水師路經此處，斷言：「此地要出女中豪傑，不是『楊貴妃』，就是『武則天』。」天鳳出生後，聰穎過人，秉賦神異。天鳳以優異成績考上北京大學時，全村老少大小大大地慶祝了一番，村人開始認識到風水師的預言要成真了。天鳳畢業後直接分配在國務院某辦公室，後青雲直上，紅得發紫，但最終還是應了「花謝小人手」

之預言，天鳳生活淫蕩糜爛、貪污腐敗，後因其包養的男妓身懷巨款賭博時被抓，導致惡行暴露，成為轟動全國的死刑女囚。喝形取象，五星轉變，俗眼難成遽識，這需要具有很高的風水境界。棲霞市西北有一座山，從東看活象一尊彌勒坐佛，惟妙惟肖，令人驚嘆天地造化，神工鬼斧，這樣成形的山勢是常有的。

言鬼禽曜

官：生於案山背後者為官，官要回頭，不宜大聳，聳則照穴。
鬼：生於主山背後者為鬼，鬼要就身，不宜太長，長則截氣矣。
禽：生於水口中間者為禽，凡有小山小石有情於間穴者，吉。
曜：生於龍肘外者為曜，凡有小山小石屹立，有情於向穴者，吉。
無官則不貴，無鬼則不富，無禽則不榮，無曜則不久。

辨別男女古墓訣

男墳左邊之土高於右，左邊之草盛於右，草根白色自立，草頭向東；女墳右邊之土高於左，右邊之草盛於左，草根黃色，曲生，草頭向西。另有一說為，男墳為墳頭偏右，為男想女；女墳為墳頭偏左，為女想男。墳上清秀，主子孫興旺；墳上無草，主子孫貧窮；墳土如灰堆，主水滴成坑。

何知人家代代富，下砂重重來包裹；何知人家代代貧，下砂空缺不包墳；何知人家代代貴，文筆尖峰當面對；何知人家富有名，山高一層又一層；何知人家不發財，只少源頭活水來；何知人家眼不明，望見明堂石土堆；何知婦女欺丈夫，白虎頭上起尖峰；何知婦女多淫賤，墳上栽花顏色艷；何知要惹枷鎖禍，只為墓樹被藤纏；何知人家受貧窮，神前佛後最為凶；何知瘟火禍相纏，神壇社廟在後連；何知墳中少骨殖，背後來龍無氣脈。

《紫囊書》

龍脈自太祖而下，有元祖、有太祖、有少祖少宗，以至父母，去穴近者關禍福亦近，去穴遠者，關禍福亦遠，故論者以少祖為主，而必推極於遠者，以龍氣長則福澤長，龍氣短則福澤短，其在高山則看起伏，其在平地則看收放，雖一望平洋，要必有水流不過之處，即屬龍脊（平洋龍來，亦有起伏，龍過其土必微微隆起是為龍脊，亦必有高平之阜而為祖宗）不拘乾流（即地面之水，所謂低一寸即為水也）濕流（浜河水也）亦必有上分下合之處，中間節次，自父母而上，無不可以尋至少祖者，大抵祖宗山，乃龍出身處，父母山乃龍入首處，出身處要聳撥、要開障，要合星耀，要中出，要博換，要過峽，要看枝腳，要看纏輔，要看迎送，要看形勢，分別生死，強弱、順逆進退，要看其有無刑殺（即殺曜之類）。定穴要知父母山所在，所謂父母山者，在元武頂後，穴中所乘之氣，正是此山之氣。父母山下發脈處為胎，如稟父母之血脈為胎也，其下束氣處為息，如父母山之懷胎養息也，再起星面為元武頂，即化生腦，即太極暈，即土宿，是為孕也，如胎之成男，有頭面形體也，融結穴處為育，即毯髯之際，即羅紋，如子之出胎而育也，此乃龍之入首處，要看來勢，要看束脈，要看結局。

地之小巧翠嫩者，多秀而易發，以受氣之專也，愈小而愈嫩，今人多愛地形闊者，其亦未知此耳。

枯骸得氣者，乃地脈沖和之生氣，非至陰之冷氣也，冷氣侵屍，屍雖不化，而魂骸不寧，得生氣則暖，暖則腐肉易化，而骸骨久存，遺體因之以受（火葬則魂骸易於安穩，由此亦可悟火葬優於土葬也）

外明堂宜闊，水口去穴一丈則為一年之福，千丈則為千年之福，愈遠則愈佳。

水變為金（水星轉金星），則孕金魚，金變為水（金星轉水星）則孕蛇虺，若金犀未變，得土滋養則孕龜蜃，若一節變者，則在一尋下，一二節變者則在二尋下（一尋即八尺），亦有一節地脈溫暖，而有生氣物如龜蛇，不穿巢竇，而在數尺之下，亦只一二枚，如多則凶，其有穿為虛窟空壟者，皆有凶無吉，凡開穴見有鬼蛇蟲魚之物，慎勿損傷。

山大水小而無龍穴者，必生白蟻；山小水大而無龍穴者，必有水泉，四旁生草物，而墳上獨無者，白蟻滿棺，冢上獨生青苔，而四旁皆無者，泉水滿棺。又或穴上有沙石者泉生，穴乘煞氣者蟻生；又或葬虛窩者泉生，葬頑硬者蟻生；又或來龍雖真而穴無氣之所者，蟻泉俱不免。

葬舊穴者，主財帛人丁不旺（墓上墓，一說「喪家若不傷人口，葬後必定死師人」）。

平田水，水散田中，平夷悠緩，不沖不射，不割不穿，不帶凶煞，凡穴得者之最吉，然以有情到堂為佳，若不到堂，無用池塘水，若是原有生成者，亦儲財祿，傷殘發泄，立招凶禍，謂之照盤殺，主少亡。

天池水貴氣綿遠，力量甚大，廖公謂龍上如生天池水，養陰斯為美，如不在龍身，則為池塘水矣，詩曰：「頂天池人少知，周回深闊最為奇，能盛天水蔭龍脈，盈竭猶能驗盛衰，又曰平坂，天池大且深，真龍脈盛故凝成，四時融注極榮貴，一旦乾枯即敗傾。」又曰天池之水淺且平，乍無乍有或欹傾，此池不敢言奇異，富貴難憑只守成。

乾流水，界脈束氣，穴之左右貼近，必須有之，方妙，若穴下乾流切忌直長傾倒，宜平緩悠回，關係初年禍福，合襟水，脈來則有分水以島之，脈止側有合水以界之，小合為小明堂，大合為大明堂，合龍虎內為內明堂，合龍虎外為外明堂，以內界水分合，審氣脈定穴氣之聚散，外界水分合，審明堂，定局勢聚散，內界水隱微難見，外界水顯明易見，內界收得緊，合流不散，曰天聚，是自然雌雄會也。內界水出與外界水關得住，合於明堂，曰人聚，是隱形雌雄會也。明堂外龍虎抱，不見水出，曰地聚，是顯然雌雄會也，此謂三分三合。元辰水：乃穴前，合襟水之親貼本身者，不拘乾流濕流均謂之元辰水。真應水是旺龍結穴後，秀氣不盡，溢發為泉，應我真穴，不拘大小，但要澄清甘美，春夏不溢，秋冬不竭，者而不流，靜而無聲者為是，亦名靈泉，應大貴之地。瀑面水：大水當而潑來，穴星低小，而水勢雄欺。廖公謂「欺是洋朝勢太雄，穴小最為凶」，主不旺人丁，落水而亡，有高托不忌。淋頭水：穴上無脈，水淋墓頭，主人丁不旺以至絕嗣，窩鉗之穴，切須辨此。

陽局卯酉二水破局，陰局子午二水破局，名桃花水，主淫（去者必驗）若壬子癸龍有午水朝，庚辛陰龍有卯水朝主大發，蓋以水制火，金制木故，若離龍來水朝，震龍兌水朝，雖發福必淫亂，蓋以離受坎制，震受兌制故也，坎龍離水不宜入酉，謂之游魂桃花，巽巳卯水破陽局，坎離坤水破陰局主淫亂，丙午二水兼入，名天地陰陽火，單朝不忌，寅午三戌三方水出入，皆主火災，乙辰水來破陽局，謂之帶煞，亦主火災。

《紫囊書》云：行注之法，本作用之元機也，有一等大地，不必造作，術家欲炫其能，妄肆穿鑿者，恐遭禍愆，切不可聽（古云工力之具，則人工亦可以贊天工，故砂水略宜修補，而龍係天成決不可鑿，予見術往往恣意開睿，誆云此是某龍，大傷地脈，必至損丁，歷歷不爽，深可痛恨，擇地者萬萬不可聽信庸師，以性命為兒戲，倘龍可造化，有力之家，何難置萬傾平田，曲折開鑿，以合吉局，不知局面蘭可美觀，而龍脈終於不貫，此俗所謂木膝骭者是也）。

金盆地：

金盆形有在在有之，皆以四圍盡高，水無出處，四時不涸，然後為吉，若既葬之後，水不涸然後則穴未正也，葬而水縮，得正穴矣，若是乾濕地或漲或涸舁主客亡，舁屍以歸《金鎖玉關》云：四邊高廣正中低，此地名為地獄池，家中衰敗難疑為厚，陰盛陽衰事漸虧）同樣的地形，有的是金盆大地，大貴之地，有的是地獄池，貧賤之地，關鍵就在得不得氣，不可死執一理，只知其一，不知其二，妙在玄通陰陽。

白鶴仙人云：凡改墓有三祥瑞，則不可改，一開見有龜蛇生氣之物，二、土中有溫暖氣色如乳氣或如霧，三紫藤交合棺木，並大吉，若改之必受殃。有五不祥，則速改之，一冢無故自陷，二冢是草木枯死，三冢中有淫亂風聲，四男女忤逆，顛狂劫害，五是刑傷人口，六畜氣絕，田蚕家產耗散，官事不息是也。

結穴之處必有金魚，蟹眼蝦鬚水方的，凡魚食水，皆自口入，兩旁腮出，惟金魚食水，從兩邊腮入，而自口出，故曰金魚水，此會於穴前合襟水也，立穴處繩路小水，取以為名，何以蟹眼？諸物之眼，多促閉而不露，惟蟹眼寬宏口顯露，陽日左行，陰日右行，左行則左眼明，穴居左，右行則右眼明，穴居右，看左右生死穴法，正所謂螃蟹眼雙理兩股是也，其穴貴窩藏，砂貴重疊彎抱有情，則穴不寒，平洋見出唇如蟹臍，有小水口如蟹眼之流下，外有微高之砂如蟹鉗，而水則左明右暗，或左暗右明則真穴見矣。夫鬚不曰龍虎二鬚，而獨曰蝦鬚者何也？諸物之鬚出於唇，惟蝦鬚出自頸項，向前抱顧其而行，一長一短，凡取食則長鬚先取，遞過短鬚，方送入口，故穴懸乳者，則有此長短二股小水，有此長短兩條小砂抱穴，必一長一短，則砂乃得力，乃得食也，若兩砂相斗、反為不吉，非真蝦鬚也。

．離水來去，俱主驟發，但多離鄉富貴（離中虛，外光之現，故主外，應離鄉富貴）。五色之土，紅黃為上，青白次之，紋理緊密，顏色鮮明，土之貴；體質頑梗，砂塊鬆散，土之賤。石穴脆嫩，似石非石，土穴精強，似土非土，益精而不粗，生氣之聚也，潤而不枯，真陽之應也，開井之士，氣如芝蘭參苓，撲鼻可愛者，貴穴也，若如牛泓猪涔臭穢難當，人皆厭惡者賤矣。

凡入穴回顧，見在圓暈在微茫隱顯之間，是謂有太極暈也。生氣所聚之處，其上必有動氣，動氣者何，凹突之突暈是也，生氣潛於下，暈極見於上，如魚在水中一動，其水上自成一暈也。得龍形真者，孝子地師，有靈應之夢。

張子微云：要看凝寒凝雪時，淩晨暖氣如煙靄，沖出高山深樹枝。若是平田曠野地，雪天可見辨精微，雪深數尺皆積白。獨有當穴見地皮，氣暖沖融雪不積，方圓只有尺丈兒，雖然人與蛇蟲虺，皆有真形在穴底，若還鑿見此真形，殺了師人不移晷，見此真形速掩覆，去了本形龍已死，所以五星定尺度，過度恐他逢此類，一泄真氣悔無及，便滅三分貴秀氣。

秦樗里云：燭穴中試之，去水地，火必動而易滅；來水地，火必不動而難盡（去水為漏氣之地，主貧賤死絕；來水為生氣融聚之貴地，貴地多人來水。泄水之地，多不宜用，史傳，蘇洵葬親之時，置燭地上，燭焰紋絲不動，葬後出三蘇（蘇洵、蘇軾、蘇轍）。

《俯察》云：今人術士，善斷墳者，必謬於葬，以斷墳下穴，則穴必敗，以下穴斷墳，則斷不驗（斷法與葬法務有差法，學者當廣學博究，不能以一得以自足也）。

《陽宅秘斷》云：陽基虎頭高厚，龍尾大起方為陽基之大，假如朝南陽基，平洋坤申地高，而龍尾起，如虎頭不高，龍尾不起者，不過數代，終當易性。（虎頭指坤方高厚，龍尾指巽方，微高為吉，為龍尾，突兀高聳，則傷陽，陰人持家。）我國整個地形，坤方為喜馬拉雅山、昆侖山為虎頭高厚之格，故國運長久，是惟一雄視世界的文明古國，這正是風水獨勝所致。

人倫風水

我們學習風水地理，也不要忘記人倫風水的學習與改造，《讀者》雜誌最近報道了槁城市，崗上鎮崗上村的《功德錄奇跡》。

崗上村原來社會風氣、治安環境極差，打架鬥毆、鄰里糾紛、流氓盜竊，聚眾賭博、修小廟搞迷信一派烏煙瘴氣，崗上村曾一年破案十八起，抓賭一百三十多次，嚴厲的公安法制雖打擊了一些不良習氣和邪惡勢力，可是好事不出門，壞事傳千里，崗上村的臭名昭著，使好多人家都不敢把姑娘嫁到此村，村中小伙子找媳婦都成問題。村幹部注意到，惡風雖制，但正氣未樹，人們的集體意識，果助人意識合作意識日漸淡薄，各自生活在自己封閉的小圈子裡，長此下去，後果不堪設想。

天無絕人之路，村中出了個非常傑出的「風水大師」叫鄭夢辰，幾年的部隊生活使他感悟到一個真理：思想工作要以表揚為主。首先鄭夢辰建議通過廣播向全村宣佈：為了讓全村有一個乾乾淨淨的環境，請每家都將自家門前的公共同道打掃乾淨，凡是打掃的都到村部領取獎品——一把新掃帚，第二天，村幹部逐甲逐戶驗收記錄，然後在廣播上公佈誰家打掃誰家沒打掃的情況，凡是打掃的都到村部領取獎品——一把新掃帚，每一把掃帚都用紅漆寫上醒目的獎字。事後，村民才領悟到一把新掃帚領回來的是榮譽啊，就這樣一把掃帚，掃出了人們的榮譽感。

沒幾天，村民范振國在路上拾到一袋麥子，沒找到失主，對媳婦說：「送到村部去吧，上次掃衛生，咱一點沒幹，在廣播裡上了個壞名，這次就算咱們補個過吧。」村幹部以此為契機，首先廣播上播出招領啟事，然後對范振國的高尚情操大加讚揚，號召全村人學習這種拾金不昧的精神，第二天村裡還組織了一個鑼鼓隊，給范振國送去「拾金不昧」光榮匾和大紅花，並在范家小院裡痛痛快快德熱鬧了一番，這天鄭夢辰在廣播上宣佈：「從今天起，村裡設立《功德錄》專門記錄好人好事，永遠記下去，讓子孫後代都知道，記錄的第一件好事就是范振國拾金不昧的光榮事跡。」自此後，村民們開始爭上《功德錄》，《功德錄》感化着人們曾經麻木的心，村民們開始主動幫助那些需要幫助的人。一天軍屬王淑華帶着孩子割麥子，村民張玉冰等看她艱難的樣子，便主動過來幫助並說：「大哥在外當兵，你們娘倆不容易，你們回家吧，這些話我們包下了。」沒想到這一來，又先後引來十多個村民來幫忙，本來娘倆要幹幾天的活，大伙半天就幹完了，不但不要工錢，反而連一口水也沒喝。王淑華感動地流下了眼淚，在外服役的丈夫陳合知道後，含着淚給村裡寫了一封感謝信，村裡廣播把這封信念給全村人們聽，並大加讚揚。從此《功德錄》上的好人好事越來越多，《功德錄》記錄下了村風改變的軌跡。

崗上村堅持《功德錄》表揚先進的同時，也通過多種方式鞭策後近，對村裡的好壞典型事例，力求做到，「好事不過夜，壞事眾人評」及時在廣播裡公佈於眾，請群眾評議，扶正祛邪，加速了民風的徹底好轉。

一九八五年，村裡兩戶鄰居為徹院牆發生糾紛，兩家各執一詞，互不讓步，村幹部幾經調解，無濟於事，已任村書記的鄭夢辰，決定將這件事公佈全村，請群眾評議，很快這起糾紛上了村裡的廣播，村裡每天都請幾個村民就此糾紛發表各自的看法，村民普遍認為村裡有了《功德錄》風氣越來越好。每個人都應該維持這個好的局面，發生糾紛對誰來說都不是件好事……大家在廣播總把糾紛和《功德錄》比較，一天、二天、三天……兩家鄰居覺得不好意思，握手言和，都表現了高姿態，糾紛很快妥善解決了，此事後，村民更以上《功德錄》為榮，以發生糾紛為恥。

一九八六年村裡的王老虎刑滿釋放，此人打架成性，號稱「崗上一霸」，一九八三年因盜竊罪入獄，服刑期間，村人經常幫他家做農活，王老虎出獄後，見到村風的變化，想到幾年間村民的幫助，覺得自已該改邪歸正了。一次他幫鄰居拉了幾趟莊稼，沒想到當天他就上了村裡的《功德錄》，並在廣播裡播放出來，面對這種從我來都不敢想的榮譽，王老虎激動地流下眼淚。第二天一大早，他就找到書記鄭夢辰：「我王老虎做夢都不敢想大伙還能把我當個好人看，今後我一定做一個好人，讓大家看看。」古人云：「蓋世功勳當不得一個矜字，彌天罪過當不得一個悔字。」後來王老虎通過誠實勞動做起了生意，成為擁有幾十萬資產的個體戶，他致富後，常從資金等方面幫助別人，這樣他的事跡多次被記在《功德錄》上，一本《功德錄》轉變着村裡人的思想，淨化着村裡人的靈魂，改變着崗上村的村風，從一九八二年記錄第一件好事起，爭做功德成為風氣，從這年起崗上村所有的軍烈屬、五保戶、孤寡老人的生活總有人主動照料。

「和氣生財」這是中國人的俗語，村風的好轉，精神文明的發展，也促進了物質文明的發展，現村辦經濟、個體經濟在崗上村特別繁榮，人均收入達六千多元，且有一半村民住上了樓房，這一切首先應歸功於《功德錄》為崗上村創造的一團和氣。我們風水師調風水，能達到崗上村《功德錄》這種效果，方稱得上是真正的風水大師，我們風水師都要引此為鑒。孔子云：「三人行，必有我師焉。」我們要從各個方面去修養自己，博涉多優，以求達到最完美的境界，村支書鄭夢辰是我們每個風水師都應該學習的榜樣，隱惡揚善的堯舜之道，是我們應當學習和遵循的大道。易云：「積善之家，必有餘慶，積不善之家，必有餘殃。善不積不足以成名，惡不積不足以滅身。」釋迦牟尼佛云：「善為大鎧，不畏刀兵，善為大船，可以渡水，有能守信，室幾和安福報自然，從善至善，非神授與也。」禍福無門，唯人自招。風水師要牢記盡人事的重要性，不可以風水來包辦一切，不僅講求空間風水，更要講求人倫風水，勸人多做功德，弘揚雷锋精神，以期達到「室內和安福報自然，從善至善非神授與」的理想境界。

附錄（二）

《玄命風水》精采

一、學員來信選登

于老師你好，見字如面。

我叫劉國根，是一名易學愛好者，雖然沒有機會和老師見面，但是從通過的幾次電話中能感到你是一位學識淵博，事業有成，樂於助人，和藹可親的長者，你主辦的《仙境易苑》為廣大學易者提供了一條信息高速公路，為弘揚周易文化做出了重大的貢獻，值得我們敬仰。

廖民生老師的《玄命風水》教材我已學習並應用過，教材的內容非常實用，可以說廖老師是直泄天機，勝過其它地理書十倍百倍，從教材中還可以看出廖老師治學嚴謹的科學態度和虛懷若谷的君子風範。我由於錯過機會沒參加面授班，非常後悔，明年的面授班我一定參加。總之我自從學習《玄命風水》後受益頗深，再次向老師表示感謝！

河北省海興縣計統局　劉國根（郵編 061200）

二、《玄命風水》實例選登（煙台　于連孔）

在一次象數八卦學習班上，江蘇張女士把自己的陽宅繪示意圖如下，畫完圖後講課老師即斷：

（一）大門開在東南方主有名氣，利市三倍。

（二）院子廣闊，心胸寬闊，但心裡始終有件事放心不下。

（三）衛生間在艮位，屬辛苦拿工資生活。

（四）院中心有井，心臟有不適之現象。

老師斷完了以後既沒講所以然，又沒講化解方法。學員們聽說我們學過《玄命風水》下課以後紛紛要我們解答，實在沒法推脫，我們就按《玄命風水》起卦進行分析。

七運、向星臨二黑，大門在巽、為地風升卦

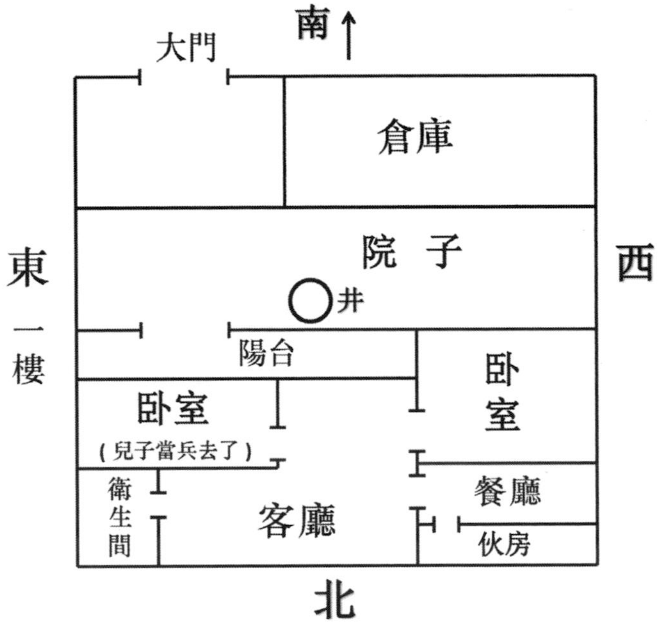

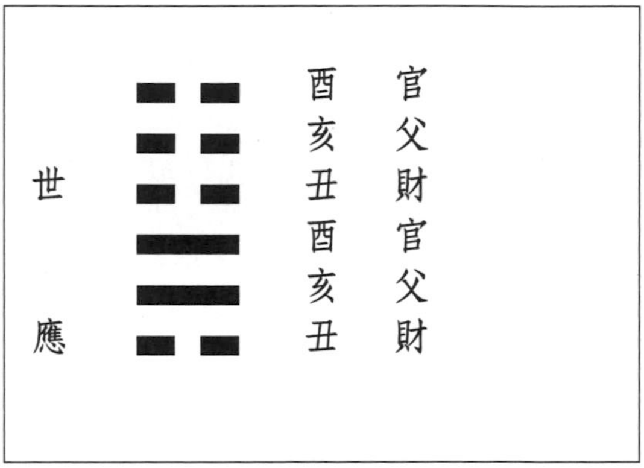

【地風升卦】

分析：（一）此卦子孫爻不上卦，人丁不旺。

（二）八九年己巳年巳亥沖主男人病患，九零年庚午去世。

（三）自男主人去世後，直到九四年甲戌破財。

（四）心裡一直担心的事是就是担心自己的孩子，因為子孫爻不上卦。如何解決呢？

按玄命風水我建議她開西南門，得坤卦，囑其回家擇午日動工。能開門的地方還可選南門，得地火明夷卦、卦中講男子短壽，女多男少，故不宜。

論風水的核心——三陽六秀

廣東　廖民生

訣曰：「三陽水口盡源流，富貴永無休，三陽六秀二神當，立見入朝堂。」三陽水與六秀砂，合稱三陽六秀。三陽水即小神、中神、大神，稱三陽水，如一六局，小神癸，中神壬，大神乾，水由癸流入壬，再流入乾為小神入中神位，中神入大神位，合三陽水法，得財富。六秀為坐山陰卦的六個地支為六秀，三陽水主管財祿，六秀管人丁禍福，三陽六秀管風水的中堂，外堂有水口三合之應，與消砂，內堂起佈九星之應，開門與放水也。現流傳的風水絕大多數在外水口，與消砂，內堂飛佈九星開門放水之術都未得楊公風水真傳，堪輿學是中華民族的文化瑰寶，現為世界各國所青睞，今流行的有飛星玄空、三合、八宅、挨星、消砂、正三元等風水術，都並不是真正單一可用的口訣，都要配合三陽六秀訣來用。如不會三陽六秀訣，單用其他口訣，當然是有時準，有時不準，難免有人說風水是迷信。由於風水流傳年代遠，門派多，也免不了夾雜了很多迷信成份。蔣大鴻先師曰，在天成象，在地成形，上至帝王將相，下到平民百姓，都一一有山川相應，既然人與山川地理相應，可以從地理上判斷人的貧富禍福。

反之如果知道人的詳細情況也可以反推出地理風水情況。如你學的風水是真訣，當然可以既用來觀風水的吉凶，也可以從人的吉凶去推測地理的情況。古有郭、楊、曾等人皆可以上下顛倒來推測，現有那個門派傳的楊公風水可以。從人的吉凶情況，反過來去推地理情況，如楊公見到他的風水如此顛倒繚亂，搞到星辰滿天飛，皆稱楊公風水。三陽六秀訣，如你了解到財行運在干，禍福行運在支，財排在三陽水上，人丁排在六秀中，那麼知道其人的情況，即知他家的風水情況如何。例如一家人大多數在子、丑、寅、戌、亥幾個地支屬相出生，如丙、丁、乙等年份，財旺，此家的的陰宅是坐北向南，或坐西北向東南。如財運差，斷三陽水反流，合三陽水則財旺，在蓬萊面授班上，我已經把風水的至寶傳出來，但有部份易友仍停留在小神入中神入大神的判斷上，還未知三陽六秀可用在更廣的範圍上。總之，不管倒過來論，還是正常去推斷，都需要自己去領悟。

例一：中國河流水起止圖：

中國地形西北部高昂東南低，地理形成的小神流入中神，中神流入大神位，三陽水格。

北京城有着四千多年歷史，遼代以後，是元、明、清三個朝代，外河流與渤海也形成了小神入中，中入大的三陽水格局。所以中國是世界上唯一有五千年文明史的國家，並且中國古代的科學技術在世界上曾保持了千年的領先地位。

例二：偉人毛澤東祖宅。坐丁山癸向，前面癸方有一水塘，壬方有一水塘，乾方又有一大水塘，形成一六局三陽水格。這種秀美有情的地理環境，成就了一代偉人。

例三：在兩年前一位姓朱的老板請吃飯，交談中他叫我幫他算一算運程，我說不會算命，他硬要我算，我只會點入門知識，就簡單算了一下，與他交談中得知，他家很多人是亥年出生，他本人是酉年，還有是未年與巳年，他本人在九四年中戌年、九五年乙亥年、九六年丙子年財運最佳，這樣我心中有數，甲、乙、丙三年天干應乙、甲、艮，三八局三陽水，他家出生的人多在西北與正西面的地支上應六秀，我當即斷他家的陰宅應當坐西向東，西北面有山峰特秀起，前面應有水塘聚水或河流回抱，屬蛇的人在家最差。他說一點不錯，他家山墳是坐西向東，前面有大水塘。屬蛇的人最差，由於方位記不清，不知西北面是否有高大的山峰。後他請我觀風水，才知他家陰宅是坐辛向乙，前面是一個大水塘，亥方的山峰群起，特秀跟我當時斷的一點不差。

此例三陽六秀訣，三陽水主財，運行天干乙、甲艮、應甲乙丙之年，由此肯定是向東的陰宅，再加六秀砂應人丁，因此家人聚在西北或西方，所以推斷坐西向東是無疑的，但斷此方面時，最好結合全家人的出生屬相，與行運天干，就可以判斷出陰宅的坐向與三陽水是合，還是倒流。但有的人家祖上陰宅很多，主要是推算最近三代的。如有的人，家裡屬相分佈在很多個方位上，這是因為他家陰宅有不同的坐向，此類比較難判斷，這需自己下苦功，掌得經驗。

編後話：廖老師在蓬萊高級面授班講的「三陽六秀訣法」是風水的核心，不僅斷驗風水如神，而且可以依據人的情況去反推風水佈局，從學員的來信中能夠看出部份學員尚需進一步領悟，為此廖老師有寫了此篇文章，望學員將應用方面的好案例寄來，以幫助易友加深理解。

《玄命風水》之陰陽對比八卦

廣東廖民生

天地萬物以陰抱陽為主，陽抱陰為絕。風水以坐為陰卦，以砂為貴。水為閑神待，何為陽卦水為福。山為閑神，十二地支為地得砂為貴，落水為凶，八干四維為天得水為榮，山上為凶，即子丑寅卯辰巳午未申酉戌亥十二地支得砂在陰卦為貴，下水在陰卦為凶。在陽卦為閑神為不凶半吉凶。甲乙丙丁庚辛壬癸乾坤艮共十二位的水為榮，在陽卦為吉，上山在陽卦為凶，在陰卦為閑神，山管山，水管水，各歸本位吉。陰陽錯乘為禍分。

壬山，屬二房位，主離鄉、黃腫、水厄、墮胎等凶事。

壬水，屬二房位，外出經商發財或因盜賊發財。

子山，屬長房位，丁旺男丁多，有雙保胎或六指的現象。

子水，屬長房位，主敗財，野心大，貪污，盜賊的後代。

癸山，屬四房位，偏生女多，易生缺唇、腳帶疾的人。

癸水，屬四房位，得發橫財或因女起家。

丑山，屬三房位，念能發農畜之財起家。

丑水，屬三房位，剋妻忤逆，孤寡疾病多。

艮山，屬三房位，慢慢衰退雖有才華也無用。
艮水，屬三房位，出經商致富，顯官貴。
寅山，屬長房位，得橫財進祿位。
寅山，屬長房位，傷足、手疾、車禍、癡愚的亭、眼疾、凶死、虎傷。
甲山，屬四房位，聾啞、玻腳、瘤疾、瘟火傷人、萬認。
甲水，屬四房位，主小貴或以旁門左道起家。
卯山，屬三房位，男有權貴，學識過人出文武貴。
卯水，屬三房位，流氓、乞丐、好賭、淫亂之事、絕子。
乙山，屬長房位，出手足帶疾或生女不生男，買子繼後等。
乙水，屬長房位，出科甲、技藝之才。
辰山，屬長房位，節約、吝嗇起家。
辰水，屬長房位，車禍、官非、水禍、夭折伶仃、瘟疫、缺唇。
巽山，屬四房位，出游手好閑且子女犯桃花。
巽水，屬四房位，高科文貴因親發財產女癸。
巳山，屬三房位，旺丁財長壽人。
巳水，屬三房位，少亡暗啞淫亂跛足蛇傷。

玄命風水精斷

十月一日來自全國各地的易友來研討「玄命風水」酉月酉日以417房為癸山丁向住的上位易友，按玄命風水起運卦，得地水師卦：二按運卦即可斷事如下：

1、小張是從湖北陪母親來參加班的，辰位生合父母酉金，為文昌有戲，6斷他的學歷比較高，（實際上去年考上湖北工學院藝術設計專業）建築業也為父母爻，辰位為卦中兩個官鬼爻，可能在學校當兩個小幹部，九九年己卯，沖剋父母酉金，父母不言，（實際是父被人打斷三根筋骨）。

2、新疆朱老師位於坤方，為官鬼之爻，卦中土臨官鬼，主病而且是脾胃方面疾病（實際是朱老師脾腫大）。今年立夏前後，巳火沖兄弟亥水，則身體不好，坤、辰土泄午火財爻，主破財，九九年庚午泄坤泄午火才爻，治病花錢較大，位坤中方沖剋子孫寅木，一般不會生兒子，必是女孩多（實際朱老師只有一個女兒）。

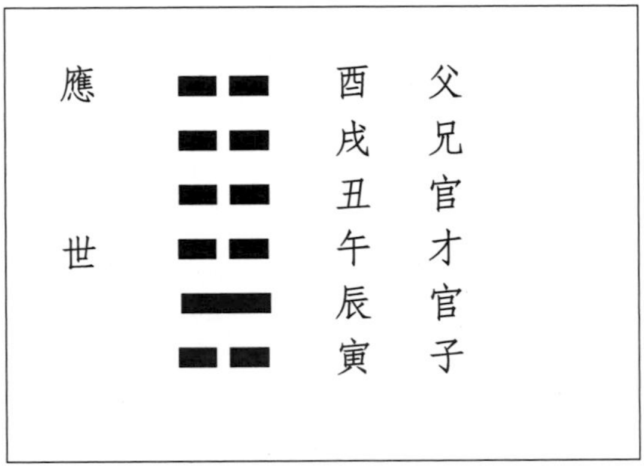

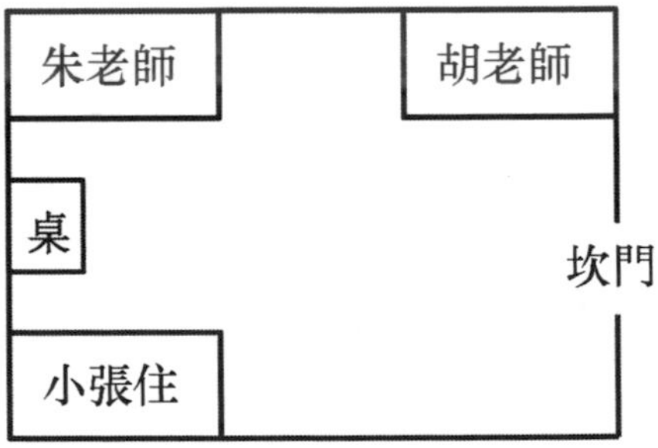

丁↑

六	二	四
五	七	九
一	三	八

癸

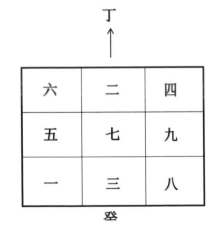

3、乾方為胡老師之床，戌乾臨兄亥水。兄弟較好，兄弟剋制財爻財不旺，今年巳月歲月沖剋亥水可得一筆小財。

（答是）

以上可見運卦中需要靈活占斷，每個爻都可作為用神去考慮，此例說明若是求財應首先則看財爻位置，財義旺衰，做生意收銀櫃應放在財位為佳。

附錄（三）

風水源流簡談

古風水出於後天八卦，黃石公、赤松子等人善於風水之道是運用後天八卦測方位的凶吉，此為最早的風水運用，主要運用八卦推測。如乾方：推其父、君、官、財、頭部、骨、老人的情況，如此方帶缺破。此方面會出凶，如見秀氣則吉，即按八卦的意象來論斷，此種方法雖然簡單但卻比較實用，直到現在還是用此來作為論斷風水的主要依據。後經郭景純先師在後天八卦的理論基礎上演化元運來推測風水，玄空一說從此始，郭公論玄空是大玄空，主要是分上元與下元，各管九十年，上元一、二、三、四方要風，六、七、八、九要水，此為吉，反則為凶。下元六、七、八、九要風，一、二、三、四要水，此為吉，反之則凶。例如陽宅，現屬於下元，六、七、八、九要風，一、二、三、四方要水為吉，如六、七、八、九此幾方有窗陽台或門納風為旺氣，一、二、三、四此幾方有牆、廁所納水為吉，反之則凶。例如一白坎方，上元時風為旺，得其吹家道昌，丁則盛富貴楊，無阻應如響，水為殺遭其照丁財乏，好色多淫寡，無遮蔽定亡家，下元時風為煞主男好色女淫寡，無擋阻丁必乏。水為旺得其照丁昌財多，順富必香，無遮蔽貴且楊，有路主盜賊，曲直皆忌……以上一斷是大玄空斷訣中坎卦的部份內容，大玄空主要是分上元九十年，下元九十年，合元一百八十年。與近年流行的某門風水門派所論的一、二、三、四要砂，六、七、八、九要水為吉，反之則凶。此正是大玄空的上元斷法的部份內容，如下元則反之來論。近代由明蔣大鴻先生所傳的大玄空是名同術異現最流行大玄空，是一種配卦，並不是什麼玄空，是借其名吧。現大玄空的斷法在民間的風水師還有人會部份內容，一直視為風水之密，絕不外傳之術。次術後傳邱廷翰公，邱公得仙修煉秘術，把修仙秘法演化為挨星訣，即正三元訣，一元六十年三元共一百八十年。上元得二為旺，中元得六為旺，下元得八為旺。接的旺氣代代昌，二為坤，六為乾，接得二六氣代代出官員。如仙山接得二六氣為金丹，後邱公把大玄空與正三元訣傳於楊益即楊筠松。楊公把大玄空與正三元訣在先後天八卦的基礎上再添加八干四維，就成了現時羅庚的二十四山，再演化為入口訣（即小玄空訣），把三元分成九運，後天二十年為一運。三合局（即四大水口）統三元九運一百八十年訣，稱外堂法，後傳於廖、曾、賴三公，由大玄空、正大三元訣、小玄空訣、三合訣，再演化為撥砂排龍、八宅等訣。後代傳人在添加穿山訣，透地龍等等五花八門的訣法，有的是得三失五，有的根本無應驗，現在學習風水的最大困難是面對一大堆的風水訣，玄空、三合、八宅等等，不知自己所學是真訣還是偽訣。

三合訣（即四大水口）

訣曰：戊辰丑未為四大墓庫，即為四大水口。

辛壬會而趨辰，辛為陰，陰者為龍，乙木生在午，陰逆行長生。壬為陽，陽為水，壬水生在申，陽順長生，同庫在辰，會水局。

斗牛納丁庚之氣，丁為陰，陰者為龍，丁火生在酉，陰逆行長生，庚為陽，陽為水，庚金生巳，陽順行長生同庫，在丑會金局。

乙丙交而趨戌，乙為陰，陰者為龍，乙木生在午，陰逆行長生，丙為陽，陽為水，丙火生在寅陽順長生，同庫在戌會火局。

金羊收甲癸之靈，癸為陰，陰者為龍，癸水生在卯，陰逆行長生，甲為陽，陽者為水，甲木生在亥，陽順長生，同庫在未，會木局。

例：壬山丙為向，子山午向，左水倒右出辛戌墓方為正旺向名三合聯珠貴。丁山癸向，未山丑向，右水倒左出乾亥方，係正養向名為貴人祿馬上御街，合進神救貧水法丁財大旺，功名顯達，發福綿遠，忠孝賢良男女壽高，房房皆發。並發女秀。

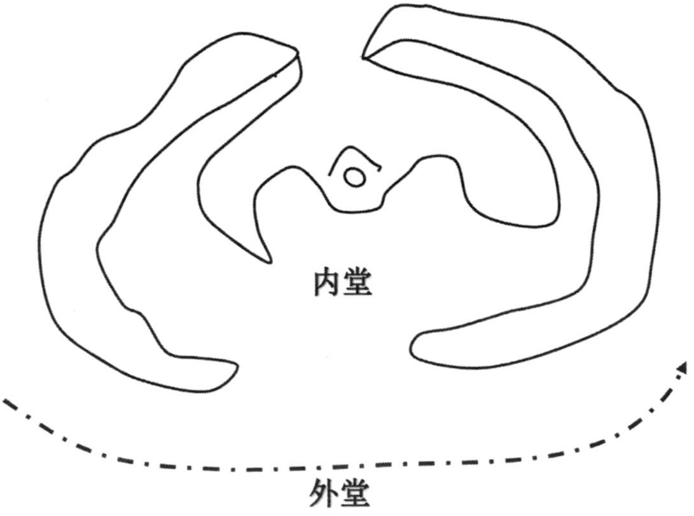

此三合派的口訣生要是用於外堂局，以外水口為依據，主定生旺向，此法是用外之訣，一統一百八十年吉凶，並不是來斷數年到數拾年吉凶。所以現在學風水者大多認為三合訣無應驗，其實是不解其奧，現在陽宅，一般可不用三合訣為依據，陰宅用為最好，不用此訣也可以。外堂一般在內堂的數里到數十里外，要百年以上旺才配合三合訣。

《八宅訣》分東四宅，西四宅。

東四宅：坎離震巽。西四宅：乾坤兌艮。此為東一氣，西一氣。以坐山配大門，在一卦氣內為吉，訣曰：乾：六天五禍絕延生。坎：五天生延絕禍六。艮：六絕禍生延天五。震：延生禍絕五天六。巽：天五六禍生絕延。離：六五絕延禍生天。坤：夫延絕生禍五六。兌：生禍延絕六五天。例如，乾宅，乾為伏位，坎為六煞，艮為天醫，震為五鬼，巽為禍害，離為絕命，坤為延年，兌為生氣。

訣云：乾宅坤門富貴多珍，門開艮兌代代腰金。

坤宅乾門夫婦和寧，門開艮兌世受君恩。

艮宅兌門最旺兒孫，乾坤出入家滿黃金。
兌宅艮門家道昌寧，乾坤出入祖業豐盈。
坎宅離門庫滿昌盈，出入震巽百子千孫。
離宅坎門廣積金銀，出入震巽產子賢能。
震宅巽門加官進丁，門開離坎平步青雲。
巽宅震門家出文人，門開離坎富貴駢臻。

八宅派風水主要是以坐出即伏位，配大門的伏位。在一卦氣內為吉，大多數習風水者都認為是曾一行所傳的偽訣，根本無應驗，事實考證古建築物，絕大多數是符合八宅派理論其實八宅訣並不是單用的，要配合大玄空與其它的口訣才有應驗，八宅訣實質是陽宅的內部份配訣，主能用在宅內。

《大玄空些子訣》

此訣現在香港台灣吹的最響的訣法，是由明代蔣大鴻先生所傳的訣法，其實並不是大玄空訣，只是借用大玄空的名，事實稱些子訣，此訣由無極子傳於蔣公的風水真訣，合訣者發福較速，主要理論是，訣曰：一，二，三，四龍立一，二，三，四向：一，二，三，四向配六，七，八，九水；六，七，八，九龍立六，七，八，九向：六，七，八，九向配一，二，三，四水。總之龍配水，水配向，合十為用者。

一九合十，乾合咸，坤合損，艮合泰，兌合否，離合恆等。

二八合十，壯合旅，革合同人，睽合豫等。

三七合十，大有合小過，同人合大過，歸妹合晉，隨合訟等。

四六合十，夬合遯，豐合鼎，井合家人，剝合臨等。

一與三通者，乾通中孚，坤通小過，坎通大過。

二與四通者，壯通臨，升通解，觀通遯等。

六與八通者，夬通節，豐通復，井通困等。

七與九通者，大有通損，同人通益，師通恆等。

此訣是以後天六十四卦在周天排列，子宮起坤，午宮起乾，以龍來配向，坐合朝水，一白龍配一、二、三、四向，配六、七、八、九水，得後天卦通為竅通，合十或互通者為竅通。例子龍申坤卦位入首，立辛山乙向，用損卦度，坤龍與損向一九合十。坐咸得乾卦水朝，得一九合十，此為一氣裝成家道豐盈，但此些子法不能單用，雖然是風水的一大竅門，但它要先合大玄空訣後再能配合運用的，所以被後人認為大玄空些子法，此訣發福速，但不能長久。如不會大玄空法門，些子訣等於無，不要白費心機，如有應驗也是巧合吧。

《小玄空訣》

現最流行的玄空風水是指三元九運，二十年一運，以當運的飛星入中起走九宮。一白，二黑，三碧，四綠，五黃，六白，七赤，八白，九紫，九星名，以當運的星為旺。如一白遠，以一白為旺，近代多得沈氏傳的玄空飛星，在一坐一向上閉門一飛即知哪個坐山當旺，哪個向當旺，哪個坐上山下水等。有了此一先例，現有的地方傳的風水也不用其它的依據來論風水，就在羅庚上來論哪度犯黃泉殺，哪度大富大貴，哪度出文貴。現玄空風水經近代人的演化，有數十種起星方法，可稱得上星辰漫天飛。因玄空飛星是無形的氣感，包含信息面廣，在斷風水上當然有些是相對應的。在斷風水上有形為先天，無形與後天，如宅見亥方有破凶此先天有凶，再看三合亥卯未與對沖已此四年，再用九星氣感那年飛到會凶，此凶才帶出生災，並不是單單用玄空一飛即知吉凶。本門小玄空訣稱入口訣主要是以大門為重，當先天存在凶吉，再結合飛星臨門來斷流年大運的吉凶。此訣主要用於斷統年，流月，流日，流時，與用於擇日為重，要發文貴一、四，要發官貴用二、六，要發財用六、八等，主要配合大門來擇日與宅的先天因素來擇日，如宅先天對財最有利，再擇日來催財，準確率高。並不是如其它門派單看四柱或斗首，奇門等有利就可以助財發文，根本不看宅本身的先天因素如何，這樣擇出的日子有用才怪了。

《三陽水》

三陽水，又稱五里神水法，訣曰，三陽水口盡源流富貴永無休，三陽水分四大局，一六局，二七局，三八局，四九局，三陽即大神，中神，小神，三神稱三陽。

一六局，小神辛，中神壬，大神乾，主發文貴。
二七局，小神辛，中神庚，大神艮，主發富局。
三八局，小神乙，中神甲，大神艮，主發副局。
四九局，小神丁，中神丙，大神巽，主發清富貴。

三陽水財富，也可以說是風水核心，猶如人的心臟，主使人的全身，風水也是如此，三陽水主管財富，是人的養身之源，是風水裡絕不可缺少的一部份，如果此一缺，其它方面再有多利也是無用。三陽水是從向上論，如立子山午向，屬四九局範圍。得水從丁流入丙再流入巽方，此為小神流入中神，中神流入大神位，主發清富貴。

例如今年十一月我到韶關地區旅游。走到一條街上身邊的張某問此街生意如何，我查了一下方向就講西邊商鋪較旺，他說正是，是西邊的比東邊的旺。看右圖，街的一邊坐東向西，另一邊坐西向東，東路是南高北低，西邊的商鋪是向三八局三陽水乙、甲、艮，街道的水從乙流入甲再流入艮位，合三陽水法。東邊的商鋪是向二七局，三陽水辛、庚、坤，水從坤流庚流辛，三陽反流，主退。

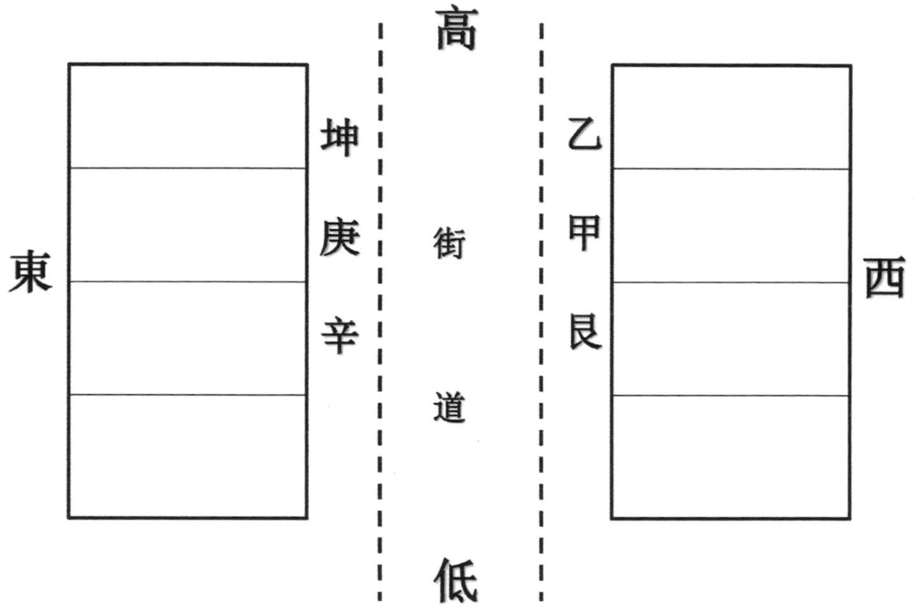
高
東
坤
庚
辛
街
道
乙
甲
艮
西
低

又如李某到我家作客，拿了一個例子請我看，是他與外地易友交流時，外地易友想考他的水平，就簡單畫了這個草圖，李某即斷住此房的人肯定很有錢應是個老板，外地的易友也服了他的水平，李某說用「玄命風水」來斷就很簡單，卯山酉向為二七局，水正好從小神辛流中神庚流入大神坤，因為二七局主財發富局。

又例：一位風水朋友來我家作客，畫了一個圖叫我判斷風水如何，他邊畫邊講，此房是他姐的房，住進後經濟一年不如一年，他畫了一半還未畫好，是子山午向，前面是一條大馬路，我就說不用畫了，前面的路東邊應比西邊高，他連說對。

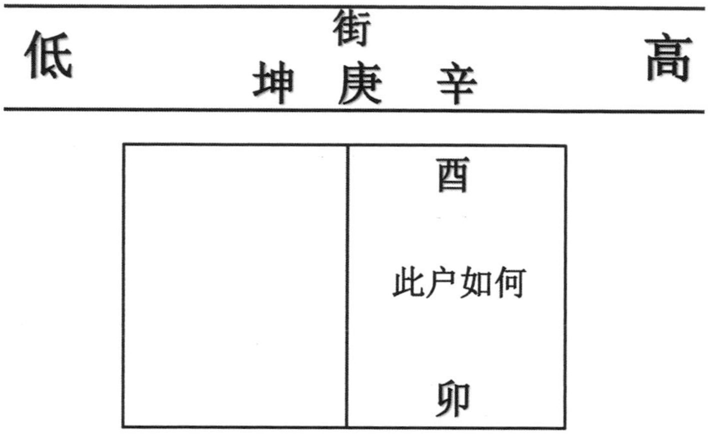
街
低
高
坤
庚
辛
酉
此户如何
卯

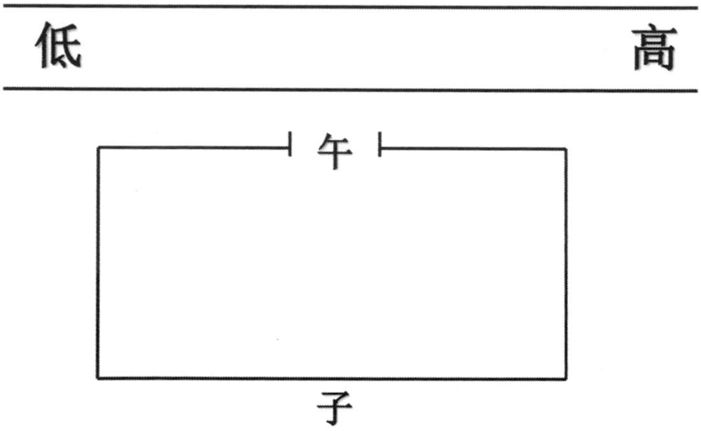
低
高
午
子

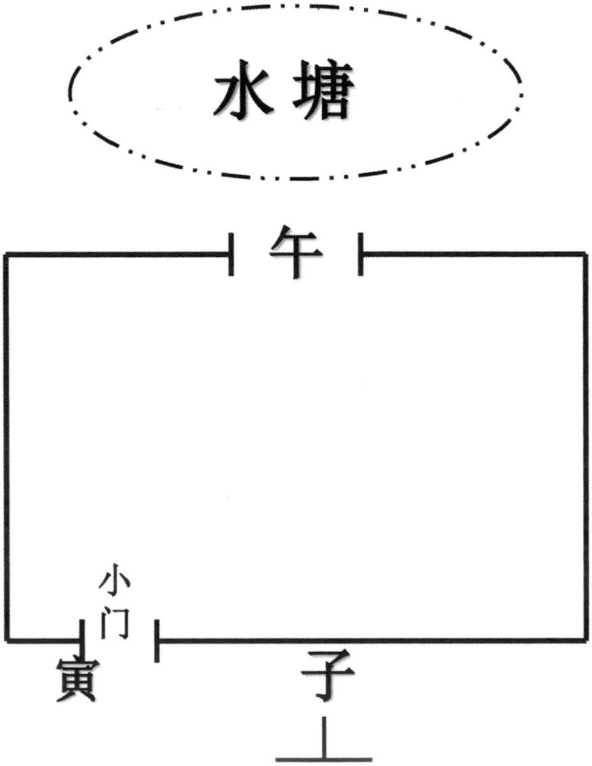

此房子山午向為四九局，水應從丁流入丙再流入巽，但此屋位後有衰退，我就斷巽方高丁方低，三陽水反流，主衰退。

三陽水訣主要是管財富，如你家的財運差，看看住宅或陰宅是否屬三陽水流反，定有答案。

《六秀砂》

本門楊公鎮山訣中的陰陽對比卦，以坐山的十二干支為陰卦，坐山的天干四維為閑神不管事，不用，餘下的六個地支為六秀，主管禍福，秀為福，缺破為災禍，此為先天定局，如六秀全無破缺，禍不浸，帶缺破到三合對沖年為福並臨，再以入口訣配合無形的氣感凶到，先天帶凶，後天並臨禍至。

例：張某帶來一張陽宅圖給我看，是他評的風水圖，他評因子山午向屬四九局前有水塘在三陽水的方位上，因四九局主清富貴，我看了一眼此圖，見到坐山寅位開了一小門，坐山的六秀缺了一位，我斷此家應有車禍，或傷足的事發生，張某突然想起此家人的家母前十多年鋸斷雙腳，我叫他在寅午戌申四年中配合入口訣，他很快斷出禍病發生年份。

例二：陽宅坐丁向癸，在申的方位上修建了一個廁所，我叫李某評此宅風水，他很快就斷出他家中最小的有車禍少亡的現象，事實此戶人發生特大車禍，少男死亡，母重傷。

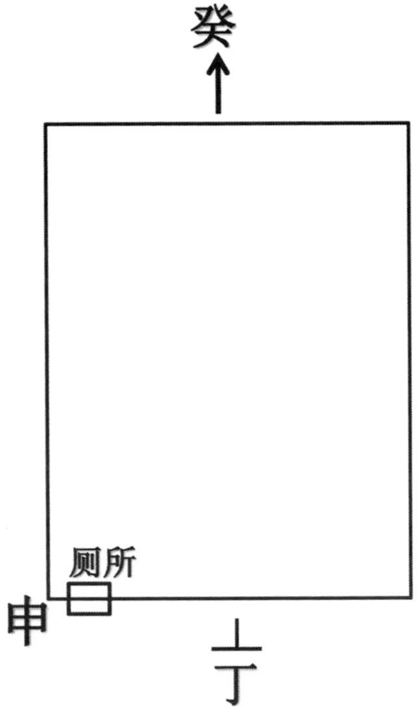

由上三陽水局與六秀砂，可看出斷財富看三陽，斷禍福看六秀，此為楊公鎮山訣的精要。

下面我編一個小小風水的故事來幫助風水愛好者開悟與衡量自己所學的風水已到哪個地步。

有以下一個村子，此村在當地屬於較富裕並出文貴，人丁旺壽高。有很多風水師到那裡也想看看村子風水是那方面好。

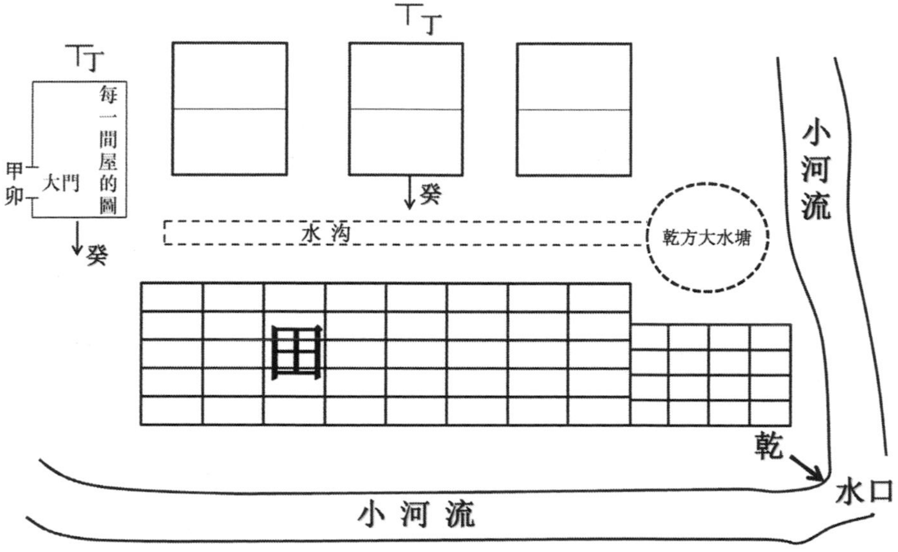
丁
丁
每一間屋的圖
大門
甲
卯
癸
癸
水 沟
乾方大水塘
田
小河流
小河流
乾
水口

一次有一位三合派風水師走過，見村是丁山癸向，右水倒左，水口乾。斷丁山癸向右水倒出乾方係正養向，名為貴人祿馬上御街合進神救貧水法，丁財大旺，功名顯達，發福遠，忠孝賢良，男女壽高房房皆發，並發女秀，風水師這一斷，村裡的人連說對一點沒錯。

又有一次來了一位八宅派風水師，看到房屋坐丁向癸大門開甲卯方，我斷離宅出入震門產子賢能，這樣一斷，村裡人也說準。

又一次續來了一位大玄空風水師，看了一下村的牌樓得知村是上元建造，上元坎得旺風吹，乾方得水照，斷一白上元風為旺，得其吹家道昌丁財盛富貴楊，六白上元水旺得其聚，丁多豪富。村裡人也說對對。

後來又來了一位楊公派的風水師，他見到癸向屬一六局，癸水流入壬再聚在乾位，正好小神入中神，中神入大神，一六局發文貴，斷村中出文貴，與利長房，一代比一代強。也斷對。

以上一個村莊，為什麼幾位不同門派的風水師，用他的理論都斷對，師曰：「位位生來，喜事頻至，位位剋入，即見禍至。」也是這個道理，何謂位位生來，此村外局先合三合訣，得一百八十年利，再合大玄空訣，得九十年利，又合鎮山訣得財祿歸，屋內合八宅訣，如建造時再配合小玄空訣（入口訣），此為風水的一脈相傳的正楊公風水用法，每一種風水訣有他的作用，層層配合，此才成一吉格，如層層不合訣為位位剋來，立見凶層層配合，此才成一吉格，如層層不合訣為位位剋來，立見凶亡，如有合有不合為吉中藏凶。

楊公傳一脈風水訣用法如下：

三合訣 ↓ 一百八十年管外局陰宅配撥砂訣。

大玄空 ↓ 九十年內局。

正三元 ↓ 六十年內局接氣用。

鎮山訣 ↓ 歸納財祿禍福（核心訣）

小玄空 ↓ 二十年內局斷流年月與擇日用。

八宅訣 ↓ 陽宅層內用。

明代蔣氏用法：

大玄空

些子訣

師曰：學看風水不難，學做風水難上加難。

大玄空

些子訣

廣東　廖民生釋

後記

孔子云：「卜其宅兆而安厝之，則神靈安而子孫盛」。吉祥的陰宅不僅可使祖先神靈安穩，亦可使後世子孫昌盛。《黃帝宅經》云：「墓宅俱凶，子孫移鄉絕種，先靈遺貴，地禍常並，七世亡魂，悲擾受苦，子孫不立，零落他鄉」。故古人云：「為人子者，不可不知地理」。天下父母莫不望子成龍，盼女成鳳，孟母有三遷之美傳，為人父母者，亦不可不知地理也，然今流行之地理諸書，吾師廖民生先生慨然有救世之心，將家中秘傳千年歷代單傳口授的風水秘訣一「玄命風水」公諸於世，造福於民，讓祖先的寶貴遺產繼承下去，推動易學的發揚光大，諺云：「誰人識得城門訣，便是人間一地仙」，「城門一訣最為良，立宅安墳大吉昌」。此城門訣即「玄命風水」玄關一訣，玄命風水直開風水秘藏，斷驗準確神奇，蘊含無盡天機，且大道至簡，數日即可掌握，為孝子仁人，大開方便之門，詩云：祖師金口傳秘訣，不立文字代單傳，直指玄空關真性，配成地命任推窮。

「玄命風水」講求火葬，這不僅與佛家的火化相輝映，且與現代科學相合璧，現在國家提倡火葬，正是依據現代科學得出的科學結論，竟與「玄命風水」殊途同歸，今日科學之昌明反印證了「玄命風水」之科學性。誠可謂大道自然，萬法歸宗。《司馬光家訓》云：「積金以遺子孫，子孫未必能守，積書以遺子孫，子孫未必能讀，不如積陰德於冥冥之中，以為子孫長久之計。」能以風藏氣聚砂吉水福之風水寶地遺子孫者，則必是陰德昭著之人，古師云：欲求滕公乏佳城，須積叔敖之隱德。世人盡知穴在山，不知穴在方寸間。楊筠松云：不是時師眼不開，吉地留與吉人來。古來得地，須憑陰德，而非僥倖。釋迦牟尼佛云：「居住適宜處，往昔有德行，置身於正道，是為最吉祥。」

願我們：

習其玄命，師從廖氏，

置身正道，最為吉祥。

弟子李尚儒謹記

二零零零年八月五日於蓬萊

心一堂術數古籍珍本叢刊　第一輯書目

占筮類			
1	擲地金聲搜精秘訣	心一堂編	沈氏研易樓藏稀見易占秘鈔本
2	卜易拆字秘傳百日通	心一堂編	
3	易占陽宅六十四卦秘斷	心一堂編	火珠林占陽宅風水秘鈔本
星命類			
4	斗數宣微	【民國】王裁珊	民初最重要斗數著述之一；未刪改本
5	斗數觀測錄	【民國】王裁珊	失傳民初斗數重要著作
6	《地星會源》《斗數綱要》合刊	心一堂編	失傳的第三種飛星斗數
7	《斗數秘鈔》《紫微斗數之捷徑》合刊	心一堂編	珍稀「紫微斗數」舊鈔秘本
8	斗數演例	心一堂編	
9	紫微斗數全書（清初刻原本）	題【宋】陳希夷	斗數全書本來面目；有別於錯誤極多的坊本
10-12	鐵板神數（清刻足本）——附秘鈔密碼表	題【宋】邵雍	無錯漏原版　秘鈔密碼表　首次公開！
13-15	蠢子數纏度	題【宋】邵雍	蠢子數連密碼表　打破數百年秘傳　首次公開！
16-19	皇極數	題【宋】邵雍	清鈔孤本附起例及完整密碼表　研究神數必讀！
20-21	邵夫子先天神數	題【宋】邵雍	附手鈔密碼表　研究神數必讀！
22	八刻分經定數（密碼表）	題【宋】邵雍	皇極數另一版本；附手鈔密碼表
23	新命理探原	【民國】袁樹珊	子平命理必讀教科書！
24-25	袁氏命譜	【民國】袁樹珊	民初二大命理家南袁北韋
26	韋氏命學講義	【民國】韋千里	
27	千里命稿	【民國】韋千里	北韋之命理經典
28	精選命理約言	【民國】韋千里	
29	滴天髓闡微——附李雨田命理初學捷徑	【民國】袁樹珊、李雨田	命理經典未刪改足本
30	段氏白話命學綱要	【民國】段方	民初命理經典最淺白易懂
31	命理用神精華	【民國】王心田	學命理者之寶鏡

32	命學探驪集	【民國】張巢雲	發前人所未發 稀見民初子平命理著作
33	澹園命談	【民國】高澹園	
34	算命一讀通——鴻福齊天	【民國】不空居士、覺先居士合纂	
35	子平玄理	【民國】施惕君	
36	星命風水秘傳百日通	心一堂編	
37	命理大四字金前定	題【晉】鬼谷子王詡	源自元代算命術
38	命理斷語義理源深	心一堂編	稀見清代批命斷語及活套
39-40	文武星案	【明】陸位	失傳四百年《張果星宗》姊妹篇 千多星盤命例 研究命學必備
相術類			
41	新相人學講義	【民國】楊叔和	失傳民初白話文相術書
42	手相學淺說	【民國】黃龍	民初中西結合手相學經典
43	大清相法	心一堂編	重現失傳經典相書
44	相法易知	心一堂編	
45	相法秘傳百日通	心一堂編	
堪輿類			
46	靈城精義箋	【清】沈竹礽	沈氏玄空遺珍 玄空風水必讀
47	地理辨正抉要	【清】沈竹礽	
48	《玄空古義四種通釋》《地理疑義答問》合刊	沈瓞民	
49	《沈氏玄空吹虀室雜存》《玄空捷訣》合刊	【民國】申聽禪	
50	漢鏡齋堪輿小識	【民國】查國珍、沈瓞民	
51	堪輿一覽	【清】孫竹田	失傳已久的無常派玄空經典
52	章仲山挨星秘訣（修定版）	【清】章仲山	章仲山無常派玄空珍秘 門內秘本首次公開 沈竹礽等大師尋覓一生未得之珍本！
53	臨穴指南	【清】章仲山	
54	章仲山宅案附無常派玄空秘要	心一堂編	
55	地理辨正補	【清】朱小鶴	玄空六派蘇州派代表作
56	陽宅覺元氏新書	【清】元祝垚	簡易・有效・神驗之玄空陽宅法
57	地學鐵骨秘 附 吳師青藏命理大易數	【民國】吳師青	釋玄空廣東派地學之秘
58-61	四秘全書十二種（清刻原本）	【清】尹一勺	玄空湘楚派經典本來面目 有別於錯誤極多的坊本

62	地理辨正補註 附 元空秘旨 天元五歌 玄空精髓 心法秘訣等數種合刊	【民國】胡仲言	貫通易理、巒頭、三元、三合、天星、中醫
63	地理辨正自解	【清】李思白	公開玄空家「分率尺、工部尺、量天尺」之秘
64	許氏地理辨正釋義	【民國】許錦灝	民國易學名家黃元炳力薦
65	地理辨正天玉經內傳要訣圖解	【清】程懷榮	秘訣一語道破，圖文并茂
66	謝氏地理書	【民國】謝復	玄空體用兼備、深入淺出
67	論山水元運易理斷驗、三元氣運說附紫白訣等五種合刊	【宋】吳景鸞等	失傳古本《玄空秘旨》《紫白訣》
68	星卦奧義圖訣	【清】施安仁	三元玄空門內秘笈 清鈔孤本 過去均為必須守秘不能公開秘密 與今天流行飛星法不同
69	三元地學秘傳	【清】何文源	
70	三元玄空挨星四十八局圖說	心一堂編	
71	三元挨星秘訣仙傳	心一堂編	
72	三元地理正傳	心一堂編	
73	三元天心正運	心一堂編	
74	元空紫白陽宅秘旨	心一堂編	
75	玄空挨星秘圖 附 堪輿指迷	心一堂編	
76	姚氏地理辨正圖說 附 地理九星并挨星真訣全圖 秘傳河圖精義等數種合刊	【清】姚文田等	蓮池心法 玄空六法 門內秘鈔本首次公開
77	元空法鑑批點本——附 法鑑口授訣要、秘傳玄空三鑑奧義匯鈔 合刊	【清】曾懷玉等	
78	元空法鑑心法	【清】曾懷玉等	
79	蔣徒傳天玉經補註	【清】項木林、曾懷玉	
80	地理學新義	【民國】俞仁宇撰	揭開連城派風水之秘
81	地理辨正揭隱（足本） 附連城派秘鈔口訣	【民國】王邈達	
82	趙連城傳地理秘訣附雪庵和尚字字金	【明】趙連城	
83	趙連城秘傳楊公地理真訣	【明】趙連城	
84	地理法門全書	仗溪子、芝罘子	巒頭風水，內容簡核、深入淺出
85	地理方外別傳	【清】熙齋上人	巒頭形勢、「望氣」「鑑神」
86	地理輯要	【清】余鵬	集地理經典之精要
87	地理秘珍	【清】錫九氏	巒頭、三合天星，圖文並茂
88	《羅經舉要》附《附三合天機秘訣》	【清】賈長吉	清鈔孤本羅經、三合訣法圖解
89-90	嚴陵張九儀增釋地理琢玉斧巒	【清】張九儀	清初三合風水名家張九儀經典清刻原本！

91	地學形勢摘要	心一堂編	形家秘鈔珍本
92	《平洋地理入門》《巒頭圖解》合刊	【清】盧崇台	平洋水法、形家秘本
93	《鑒水極玄經》《秘授水法》合刊	【唐】司馬頭陀、【清】鮑湘襟	千古之秘，不可妄傳匪人
94	平洋地理闡秘	心一堂編	雲間三元平洋形法秘鈔珍本
95	地經圖說	【清】余九皋	形勢理氣、精繪圖文
96	司馬頭陀地鉗	【唐】司馬頭陀	流傳極稀《地鉗》
97	欽天監地理醒世切要辨論	【清】欽天監	公開清代皇室御用風水真本
三式類			
98－99	大六壬尋源二種	【清】張純照	六壬入門、占課指南
100	六壬教科六壬鑰	【民國】蔣問天	由淺入深，首尾悉備
101	壬課總訣	心一堂編	過去術家不外傳的珍稀六壬術秘鈔本
102	六壬秘斷	心一堂編	
103	大六壬類闡	心一堂編	
104	六壬秘笈——韋千里占卜講義	【民國】韋千里	六壬入門必備
105	壬學述古	【民國】曹仁麟	依法占之，「無不神驗」
106	奇門揭要	心一堂編	集「法奇門」、「術奇門」精要
107	奇門行軍要略	【清】劉文瀾	條理清晰、簡明易用
108	奇門大宗直旨	劉毗	天下孤本　首次公開
109	奇門三奇干支神應	馮繼明	虛白廬藏本《秘藏遁甲天機》
110	奇門仙機	題【漢】張子房	奇門不傳之秘　應驗如神
111	奇門心法秘纂	題【漢】韓信（淮陰侯）	
112	奇門廬中闡秘	題【三國】諸葛武侯註	
選擇類			
113－114	儀度六壬選日要訣	【清】張九儀	清初三合風水名家張九儀擇日秘傳
115	天元選擇辨正	【清】一園主人	釋蔣大鴻天元選擇法
其他類			
116	述卜筮星相學	【民國】袁樹珊	民初二大命理家南袁北韋
117－120	中國歷代卜人傳	【民國】袁樹珊	南袁之術數經典

心一堂術數古籍整理叢刊

全本校註增刪卜易	【清】野鶴老人	李凡丁（鼎升）校註
紫微斗數捷覽（明刊孤本）附點校本	傳【宋】陳希夷	馮一、心一堂術數古籍整理小組點校
紫微斗數全書古訣辨正	傳【宋】陳希夷	潘國森辨正
應天歌（修訂版）附格物至言	【宋】郭程撰 傳	莊圓整理
壬竅	【清】無無野人小蘇郎逸	劉浩君校訂
奇門祕覈（臺藏本）	【元】佚名	李鏘濤、鄭同校訂
臨穴指南選註	【清】章仲山 原著	梁國誠選註
皇極經世真詮—國運與世運	【宋】邵雍 原著	李光浦

心一堂當代術數文庫

增刪卜易之六爻古今分析	愚人
命理學教材（第一級）	段子昱
斗數詳批蔣介石	潘國森
潘國森斗數教程（一）：入門篇	潘國森
紫微斗數不再玄	犂民
玄空風水心得（增訂版）（附流年催旺化煞秘訣）	李泗達
玄空風水心得（二）——沈氏玄空學研究心得（修訂版）附流年飛星佈局	李泗達
廖氏家傳玄命風水學（一）——基礎篇及玄關地命篇	廖民生
廖氏家傳玄命風水學（二）——玄空斗秘篇	廖民生
廖氏家傳玄命風水學（三）——楊公鎮山訣篇 附 斷驗及調風水	廖民生
廖氏家傳玄命風水學（四）——秘訣篇：些子訣、兩元挨星、擇吉等	廖民生
《象數易——六爻透視：入門及推斷》修訂版	愚人
《象數易——六爻透視：財股兩望》	愚人
《象數易——六爻透視：病在何方》	愚人